미치면
통하는
마법

세상을 살아가는
무한한 힘, **감성**

미치면 통하는 마법

이용재, 우민정, 이신애,
우명숙, 손금례, 이상목,
최현주, 박혜영, 정미라 지음

시시때때로 마주하는 여러 위기와 고난으로
지친 삶에 감성이 닿으면 어떻게 될까요?

미통부모교육연구소 9명의 공동대표들이 마음을 다한
정성이 미(敉)치면 통(通)하는 그 마법의 세계로 당신을 초대합니다.

차례

1 우민정, 감성으로 코칭하다

어렵지만 쉬운 이야기	·· 20
누구나 꿈꾸는 삶	·· 25
나 자신을 변화시키는 힘	·· 33

2 우명숙, 내 마음의 주인이 되기까지

나는 내가 힘들다	·· 48
코로나 1학년	·· 52
박카스 한 병의 사랑	·· 55
감성코칭의 의미	·· 58
사랑받았다는 것	·· 65
나는 성공하는 중	·· 68

3 이신애, 나에게 온, 별 볼 일 없는 기적

정상과 비정상, 평범함과 이상함의 경계	·· 74
사람들의 취약성	·· 80
모두가 꽃이다	·· 83

4 박혜영, 갑작스런 인생의 파도를 타고 있는 모든 이에게

우리 삶에 가까이 있는 감성지능	·· 92
고난이 많은 삶 속에서의 감성지능	·· 94
현재의 나를 구체화시켜준 감성지능	·· 98
감성지능을 알기 전 나와 메멘토 모리	·· 102
감성지능을 알기 전 나와 카르페 디엠	·· 109
감성코칭으로 만나 미통부모교육연구소를 만들다!	·· 117
개성 넘치고 배려 넘치는 별종들을 만나다	·· 120

5 이용재, 나에게 전하는 위로의 말, 감성코칭

'감성이란?' ·· 126
돌봄이 필요한 상처 ·· 133
행복하게 공존하는 감성 나눔 ·· 142

6 정미라, 감성코칭으로 사랑하기

'10시 4분'의 감성(感性) ·· 150
변화가 일어나기까지 (감성코칭 시행착오) ·· 158
Less pain, More gain! (우리 가족의 감성코칭) ·· 168
에필로그 (남편의 편지) ·· 174

7

최현주,
감성 UP
소통 PLUS

내가 나의 부모가 되다	·· 178
관점-같은 상황 다른 감정 다른 해석	·· 181
성찰은 오롯이 혼자 해야 한다	·· 191
나의 선택은 꿋꿋하게	·· 194
괜찮아 그래도 괜찮아! 너 정말 괜찮은지…	·· 198
결핍은 서로 채워가며 그렇게 알아서 '자기 독립' 홀로서기가 되어가다	·· 204
가치가 바뀌면 관계가 바뀐다	·· 213
무엇인가 하고 싶다면 무엇인가 하고 있어야 한다	·· 215
설레는 순간 준비해라, 당신이 어떤 보석인지 모르니	·· 220

8 이상목, 마음에 닿아 통하다

왜 감성지능인가? ·· 224
부모님의 따뜻한 사랑 ·· 227
친구 아버지의 턱수염 ·· 231
몸+마음=건강 ·· 233
아버지의 선물 ·· 239
앞으로 나와 우리 ·· 246

9 손금례, 나에게 감성코칭이란?

두 아이의 엄마 ·· 250
내 웃음은 가면? ·· 262
내게 찾아온 선물, 감성코칭 ·· 270

牧通
미·치·면 통·하·는 마·법

───── 두 딸의 엄마이자, 한 남자의 아내. 시댁에는 맏며느리이면서 친정에는 하나뿐인 딸.

나를 표현하는 수식어들이다. 난 2남 1녀의 둘째.

부모님의 사랑을 온전히 몽땅 받고 자라온 나는 늘 엄마의 한결같은 말을 곱게 잘 들으면서 커왔다.

"여자도 경제적으로 독립을 해야 해. 집에서 살림만 하지 말고 사회생활을 해야 해."

주입식으로 이런 말들을 끊임없이 들으면서…. 그래서인지 난 어릴 적부터 내 감정을 겉으로 드러내는 것이 익숙지 않았다. 특히 눈물을 다른 사람들 앞에서 흘린다는 것은 상상도 못 할 일이다.

영화나 드라마를 봐도 슬프지만 쿨한 척, 눈물이 나지만 강한 척.
내가 제일 싫어하는 말 중의 하나는 '여자가~~'이다. 지금 생각해 보면 나만의 틀 속에 스스로 갇혀 있었던 것 같다. 그래서 나는 항상 다른 사람들의 반응을 살펴야만 했고, 강한 척을 해야만 했다. 나의 이러한 생각들이 조금씩 바뀌기 시작한 것은 사회생활을 하고 한 남자를 만나 결혼을 하며 자연스럽게 엄마가 되면서부터일 것이다.

난 아이를 별로 좋아하지 않았다. 더 정확히 말하면 아이를 어떻게 다루고 어떻게 대해야 하는지가 두려웠던 것 같다. 누군가가 내게 말했다. "너도 엄마가 되면 달라질걸?" 난 그 말을 믿지 않았다. 하지만 세상에나. 결혼을 한 후 우린 누구보다도 치열하게 싸우면서 열심히 살았다. 한 치의 양보도 없이 꼭 어린아이들이 땅따먹기 놀이를 하듯…. 그랬던 내가 임신을 하면서 조금씩 변하기 시작했다.

엄마가 되어가는 나 자신을 들여다보고, 나의 아기를 위해서 태교라는 것을 하게 되었다. 모차르트 음악이 태교에 좋다고 하여 CD도 틀어놓고. 그때 난 학원에서 아이들에게 수학을 가르치고 있었다. 배가 점차 불러오면서 학원 아이들을 대하는 나의 모습이 변해가고 있다는 사실을 알게 되었다. 모든 아이들이 사랑스러워 보이고, 마냥 이쁘게만 보이기 시작한 것이다. 이건 뭐지? 드디어 10달을 꼬박 나와 혼연일체가 되어 자라온 아기가 태어났다. 너무 사랑스러운 아기. 이 세상에 부러울 것이 하나도 없었다. 아기에게 눈을 맞추고 내가 웃으면 아기도 웃는다. 아기는 엄마의 얼굴을 그대로 보면서 따라 한다고 한다. 난 아기를 키우면서 내 감정을 오롯이 표현하기 시작했다. 아기에게 말할 때에는 나도 모르게 목소리가 '솔'톤으로 올라갔고, 저절로 미소가 지어지는 나를 보게 된 것이다.

남편과의 싸움도 언제 그랬냐는 듯이 우리는 사이좋은 잉꼬부부가 되어 있었다. 아이가 있다는 것이 이렇게 우리의 생활에 큰 변화로 다가올 줄이야….

하지만, 마냥 좋은 날만 있는 것은 아니었다. 낮과 밤이 바뀌어 제대로 잠을 자지 못하는 날이 많아지고, 아이에게 양보해야 하는 생활패턴들이 자연스럽게 자리 잡게 되었다. 내 옷보다는 아기 옷이 먼저 눈에 들어오고, 내가 먹는 것보다는 아기가 먹을 것이 우선시되는 선택의 연속. 아이에게 더 좋은 분유를 먹이고 싶고, 더 좋은 이유식을 해서 먹이고 싶고….

이렇게 엄마가 되어가는구나.

난 어느새 사랑스러운 두 딸의 엄마가 되었다.

첫째와 둘째의 나이 차이는 6살. 첫째의 유치원 발표회 날이었다. 내가 더 긴장되어 잠을 설쳤다. 또래보다 키가 컸던 첫째는 여자 대표로 뽑혀 사회를 보게 된다.

'제발 실수만 하지 말자. 연습한 대로만 하자'

"안녕하세요~~~." 꺅~~~. 어떻게 봤는지 내 아이만 클로즈업해서 보이던 그때. 난 남편과 손에 땀을 닦아가며 눈에는 눈물이 글썽글썽. 벌써 우리 아이가 저렇게 커서 이런 큰 무대에 서서 마이크를 잡고 있다니!!!

  그러한 기특한 모습과 감동은 아이가 학교에 들어가면서 나의 기대감을 극대화시키고 말았다. 첫째가 학교에 입학하던 날이 아직도 생생히 기억난다. 둘째를 캐리어에 메고, 큰 아이의 손을 잡고 줄을 맞춰 서 있던 나. 난 학부모가 된 것이다. 누구나 그렇듯 나도 내 아이를 최선을 다해 최고로 키우고 싶었다.

  지금 생각해 보면 과연 누구를 위함이었을까 싶다.

  아이는 온순한 성향으로 시키는 대로 잘 따라와 주었고 학년이 높아질수록 나는 시험에 민감한 극성 엄마가 되어 있었다. 반에서는 회장을 도맡아 했고, 나 또한 반대표가 자연스럽게 되었다. 내가 학교 다닐 때 한 번도 해보지 못한 반장을, 큰 아이는 곧잘 하여 임명장을 해마다 내게 가져다주었다. 내게는 큰 기쁨이었고, 뿌듯함 그 자체였다.

  나는 엄청나게 소심하고 조용한 극내향 아이였다. 내가 발표하는 날은 1년에 한 손가락으로 꼽을 정도였으니까…. 하지만, 내가 낳은 아이가 스펀지처럼 뭐든지 잘 이해하고 잘 받아들이는 똘똘한 아이가 되다 보니 슬슬 엄마의 욕심이 발동하였다.

  3학년인가, 4학년 학교 시험 기간에, 나의 지나친 욕심 탓에 아이를 몰아붙이기 시작했다. 지금 생각해 보면 아직 어린아이인데…. 새벽까지 붙들고 교과목을 완벽하게 암기할 때까지 공부를 시키고 있었다. 나의 등에는 둘째가 포대기에 업혀 자고 있었고, 눈이 반쯤 감긴 큰 아이에게 끊임없이 문제를 내고, 아이는 기계적으로 답하기를 여러 번. 새벽이 되어서야 겨우 만족하며 재우고. 어느 순간부터 시험 시작 2, 3주 전부터 그와 같은 행동을 반복해 오고 있는 나를 보게 되었다. 이건 아닌데…. 하지만 스펀지 같은 첫째는 반항 한번 없이 잘 따라와 주었다. 사춘기가 되기 전까지는. 사춘기, 질풍노도의 시기라고 했던가. 심리적 이유기, 제2의 반항기이면서 과도기가 오고야 말았다. 그것도 고등학교 1학년 때. 여느 때와 마찬가지로 아침에 아이를 학교에 데려다주는 길에 교문을 향해 바쁜 걸음을 걷고 있는 친구들을 보더니 이런 말을 하는 것이었다. "엄마, 난 친구들이 무서워…."

깜짝 놀랐다. 배움의 터전에 입장하는 친구들의 모습이 무섭다니, 아니 왜? 하지만, 나는 그렇게 묻지 않았다. "뭐가 무서워, 괜찮아, 네가 요즘 피곤해서 그래." 그 일이 있은 후에도 난 평상시와 같이 숙제 점검, 학원 스케줄 점검을 하면서 아이를 몰아붙였다. 하지만 아이는 점차 초점 없는 눈동자로 나를 바라보는 듯했다. 누구나가 겪는다지만 내 아이만은 안 올 줄 알았던 그 시기. 그때에는 아이의 마음을 헤아려 주라고, 그리고 기다려 주라고 했지. 말은 쉽지, 난 욕심을 버릴 수가 없었다. 드디어 아이와의 마찰이 생기기 시작하였다. 나의 충고를 한 귀로 듣고 한 귀로 흘려보내는 듯한 딸. 이게 다 누구 때문인데, 다 너 잘되라고 하는 말인데…. 결국 아이가 손에서 책을 놓는 순간이 오고야 말았다. 이것만은 피하고 싶었는데…. 내 마음속으로는 숨을 죽이면서 설마설마했던 것 같다.

뒤통수가 저려옴을 느꼈다.

공부하라고 다그칠 것이 아니라 아이의 말을 마음의 소리를 들어봐야 한다는 사실을 잊은 채 아이의 마음을 아프게 한 사람이 바로 나, 엄마였다는 사실을. 계획을 세워서 그대로만 몰아붙이면 다 잘 될 줄 알았던 것들이 사실은 내가 못다 이룬 나의 미련, 꿈이었다는 것을.

누군가가 말했다. "그냥 내버려 둬. 잘못되지 않아!"라고. 관계가 더 나빠지기 전에 나는 아이에게로 향한 지나친 관심을 다른 쪽으로 돌리기 시작했다. 나 자신에게로. 우선 내가 행복해져야 가족들이 행복하지 않을까? 이것을 깨닫기까지 무척 오랜 시간이 걸렸다. 나에게서 분신 같은 딸의 일거수일투족을 참견하지 않는다는 것이 생각보다는 힘들었다. 나는 어느 누구도 아닌 자신에게 몰입할 수 있는 뭔가가 필요했다.

내 삶의 목표를 다시 수정하기 시작했다. 딸을 최고로 키우는 것이 아닌 나 자신에게 집중하자.

나의 마음을 먼저 이해하고 알아차리기. 한마디로 내 마음을 솔직하게 들여다보기라고 할 수 있다. 난 왜 화가 났지? 과연 무엇 때문에 기분이 나쁘지? 나의 욕심으로 마음의 상처를 받은 나의 사랑스러운 딸. 우선 서로를 위해 관계회복이 시급했다.

아이의 이야기를 말없이 듣기 시작했다. 무슨 생각을 하고 있는지, 어떤 말을 하고 싶은지. 참을성과 인내력이 필요했다. 내가 이렇게 경청이 안되는 사람이었나….

대화법도 생각해 보니, 나는 항상 지시형이었다.

엄마 말을 들어야 시험을 잘 볼 수 있고, 그렇게 하지 않으면 큰일이 나는 것처럼.

하지만 이것 또한 아이를 믿어주지 않은 데서 오는 것은 아닐까.

아이를 무작정 믿어주기로 했다.

그리고 기다려 주기로 했다. 물론 쉽지 않았고 걱정도 많았다. 참견하고 싶었고, 도와주고 싶었다. 하지만 서로를 위해서 찾은 대안은 나 자신을 찾는 것이었다.

내 마음을 들여다보는 것. 오로지 나에게 집중하는 것. 나 자신을 찾기 위해서 필요한 것이 감성 다루기였다. 나름 인성 강사로 컬러테라피 강사로 활동을 하고 있었지만 역시 사람의 마음을 알고 헤아려 주는 것은 자신의 감정을 들여다보는 것이었다. 공부를 하고 지식을 쌓고 학부모들을 만나 강의를 하면서 나 자신을 되돌아보게 되었다.

왜 진작 나는 이렇게 하지 못했을까….

요즘 가족들에게 가장 많이 듣는 말이 있다.

어느 날 남편과 맥주잔을 기울이는데, 남편이 이런 말을 하는 것이다.

"그거 알아? 당신 요즘 많이 착해졌어."

난 순간 째려봤다.

으이구~~. 서로 미소를 지어본다. 맞네 맞아.

난 요즘 행복하고 편안하다. 우선 나 자신의 삶의 목표가 명확해졌고, 아이들을 사랑스럽게 지켜본다. 물론 감정 표현도 먼저 다가가서 하려고 노력한다. 아직은 쑥스럽지만.

'딸들아, 엄마가 많이 사랑하는 거 알지? 우리 행복하게 재미나게 살자.'

어렵지만 쉬운 이야기

앞에서도 말했지만, 나는 아들 둘인 집안의 맏며느리이다. 맏며느리라는 타이틀은 우리가 늘 생각하는 대로일까? 맏며느리는 항상 고달플까? 친정엄마는 맏며느리이자 외며느리이다. 하지만 시부모님께서 일찍 돌아가셔서 엄마는 시집살이는 안 하셨다. 고모만 한 분 계셨지만 고모 또한 암으로 돌아가셨다.

내 생각에는 엄마는 무척 편한 결혼생활을 해온 듯 보였다. 하지만, 항상 엄마는 힘들다, 외롭다를 입버릇처럼 말씀하셨다. 도대체 무엇이 엄마를 그렇게 힘들게 할까?

난 어릴 때 엄마의 그림자였다.

엄마가 하라는 대로, 입으라는 대로, 먹으라는 대로. 무엇이든지 엄마가 하는 말에는 토달지 않고 시키는 대로 해온 착한 딸이었다. 지금 생각해 보면 내 의견은 하나도 없었다. 내 생각도 없었다.

"민정아, 넌 어떻게 생각하니?"라고 들어본 적이 없었던 것 같다. 엄마 말을 듣지 않으면 엄마가 너무 슬플 것 같아서였을까….

난 어딜 가나 엄마와 함께였다. 목욕탕에 가서도 엄마의 손길에 등을 내어줄 수밖에 없었다. 비록 내 등껍질이 벗겨질 것 같이 빨개져도 난 소리 한번 지르지 않았다.

치과에 가서 충치 치료하는 날. 난 어렸을 때부터 잇몸이 약해서 수시로 피가 났었다. 치과에 갈 때에는 손에서 등에서 땀이 흠뻑 적셔질 지경이었지만, 난 가기 싫다고 때 한번 쓰지 않았다.

신경 치료가 시작되었다.

치과에서 나는 기계음 소리, 호스에서 자꾸 나오는 물은 내 목을 타고 꼴깍꼴깍 넘어가고 있었다. 그때에도 난 소리 한번 내지르지 않았다. 치료가 끝나고 식은땀이 나서 내 등은 축축하게 젖어 있었다. 난 먼저 엄마를 봤다. 늘 그랬듯이 엄마는 말했다.

"역시, 우리 딸은 정말 잘 참아. 대단해. 잘했어."

지금 생각해 보면 삼 남매를 키우기 위한 엄마만의 노하우이지 않았을까….

난 그 칭찬의 한마디를 듣기 위해서 꾹꾹 내 감정을 눌렀는데, 내가 그렇게 자랐기에 두 딸을 키우면서 자연스럽게 나처럼 해주기를 기대한 듯하다.

하지만 세상이 그렇게 영화에서처럼 뜻하는 대로 해피엔딩은 아니었다.

두 딸도 제각각 다른 성격을 가지고 있었다. 앞에서도 언급했듯이 큰 아이는 비교적 순종적인 스타일이었다. 내가 맛있게 요리를 하면 무슨 요리든지 맛있게 먹고, 책을 읽어주면 재미있게 들어주고, 하라고 하면 싫다는 고집 한번 부리지 않았다. 그렇게 큰 아이를 키웠기에 둘째 아이의 '싫어'라는 말이 나에게 낯설게 다가왔다.

"너는 방이 왜 이래? 정말 심한 거 아니야?"

"내 방이 뭐?"

"너무 지저분하잖아!"

"난 괜찮은데…."

"이건 아니지, 여자가…."

이 말은 하고 나서 바로 내가 실언했다는 것을 알아챘다.

여자는 방을 깨끗하게 써야 하고, 남자는 어질러도 괜찮은 것인가….

난 나름 합리적인 사람이라고 생각해 왔는데, 바로 말을 바꿨다.

"아니, 그게 아니고 결론은 너의 방이 너무 지저분하다는 거잖아. 어떻게 이렇게 해놓고 생활을 하니? 얼른 치워!!!!"

말대꾸를 하는 둘째를 보면서 내 목소리는 점점 더 커졌다.

이런 경우 '첫째라면 대답만 하고 바로 치웠을 텐데, 아니 어지르지도 않고 잘 치우고 다녔을 텐데'라는 생각이 머릿속을 스쳤다.

이때 둘째의 한마디.

"난 괜찮아. 못 보겠으면 엄마가 방에서 나가면 되잖아."

내 뒤통수를 쾅 때리는 듯하였다. 그 말을 듣는 순간 나도 모르게
"어디서 말대꾸야. 엄마가 하라면 해야지. 얼른 치워!!!"
라고 소리를 내지르고 말았다.

어머나. 눈 하나 깜박거리지 않고 쿨하게
"알겠어. 치우면 되잖아. 왜 소리를 질러? 하나도 안 무서운데…."

내가 학부모님들을 만나면 항상 말과 대화의 차이에 대해서 이야기를 하곤 한다.

말은 일방통행이고 내가 하는 말들을 상대방은 듣고만 있어야 한다. 연설자같이.

하지만 대화는 다르다. 쌍방통행로처럼 주거니 받거니 해야 한다.

우리들이 아이들에게 이야기할 때 아이들의 이야기를 충분히 눈높이에서 들어주어야 한다고 말한다.

그렇게 부모교육을 통해서 이야기하고 있지만, 정작 나는 실생활에서 그렇게 하지 못하고 있는 것이었다.

왜 그럴까? 난 깨달았다.

사람은 항상 자신을 되돌아보고, 공부를 하고 이를 통해서 사고가 깨어 있어야 한다는 것을.

결혼을 하고 엄마와의 독립이 합법화되다 보니 나는 나 자신을 지키기 위해서 내 목소리를 내기 시작했다.

누구에게? 남의 편이 아닌 내 편인 우리 집의 유일한 남자에게.

나는 우리나라의 일반적인 맏며느리이다. 시댁에 쉬러 가는 며느

리가 과연 몇이나 될까? 일하러 간다는 느낌이 드는 것이 당연스럽게 여겨진다. 처음에는 집안일이 이렇게 힘든 줄 몰랐나.

밥하는 것도 힘들고 설거지, 청소, 빨래하기와 빨래 개기, 화장실 청소, 쓰레기 치우기….

집안일은 끝이 없는 미로 같았다.

이 세상의 모든 어머니들은 위대하신 것이 틀림없다. 여기에 자녀들 도시락 싸기, 연탄불 갈기, 열악한 환경 속에서도 우리들을 키워내신 것에 박수를 보낸다.

21세기에 살고 있는 아이들은 과연 어떻게 살아야 할까? 아이들마다 성향의 차이를 인정해야 한다.

첫째 아이는 어느 정도 엄마를 이해하려고 하면서 자신이 해야 할 일들을 다른 사람이 신경 쓰지 않도록 깔끔하게 처리하는 스타일이고, 둘째 아이는 커다란 테두리 안에서 뛰어다니는 자유로운 영혼인 것이다. 잔소리를 하면 할수록 더욱 안 하는 스타일이라고 할까. 본인이 이해가 되어야 행동에 옮기지만, 이해가 안 되면 '왜'라는 말을 달고 사는 아이.

아이들을 이해시킨다는 것은 결코 쉬운 일은 아닐 것이다. 어떤 경우에는 나 스스로도 이해가 안 되는 것을. 친정엄마가 나에게 의견을 묻지 않으셨듯이 나도 자연스럽게 엄마가 시키는 대로 했던 것 같다. 그래서 더욱 깨어 있으려고 애쓰고, 노력하려고 해야 하는 것일 것이다. 평생교육이 그래서 중요하구나를 깨닫는 순간이었다.

누구나 꿈꾸는 삶

―――― 폭풍 같은 저녁 시간이 지나고 지친 하루를 마무리하던 찰나 둘째 아이가 학교에서 자신의 진로에 대한 설문을 해야 한다고 내 앞에 종이를 내밀었다.

"엄마, 내가 커서 뭘 했으면 좋겠어?"

"글쎄, 넌 뭘 하고 싶은데?"

"엄마의 의견 말이야. 엄마는 내가 뭘 했으면 좋겠냐구?"

"엄마는 너가 좋아하고 잘하는 것을 했으면 좋겠어."

"엄마, 그건 진로 선생님이 지겹도록 하던 말이구. 내가 무엇을 좋아하는지 잘 모르겠으니까 엄마한테 물어보지."

난 어린 시절을 떠올려 보았다.

나는 무엇을 하고 싶었지?

내가 하고 싶은 것이 있기는 했나?

정신없이 바쁜 일상을 보내다가 둘째의 질문을 듣고 난 생각에 잠겼었다.

난 어떤 사람이 되고 싶었을까….

내성적이고 소극적인 나는 꿈도 참 소박했었다.

다른 친구들은 과학자, 군인, 간호사, 선생님….

멋진 직업을 잘도 말했었는데, 한때는 나도 선생님을 꿈꾼 적이 있었다. 그것도 특별한 계기라기보다 막연한 선망의 대상인 것 같다.

안정적이고, 온화하면서 결혼도 잘할 것 같은….

하지만, 난 무엇이 꼭 되어야겠다는 단전의 무엇인가가 끓어오르는 것이 없었다.

그냥 주변에서 여자가 선생님이면 잘된 것이고 결혼도 잘하고, 안정적으로 잘 살 것이라는 말들을 하니까.

그다음으로 되고 싶었던 것이 무엇이었을까?

난 어느 누구에게도 말하지 않았다. 아주 지극히 평범하게 살고 싶다고.

난 그것이 상당히 어렵다고 생각했다.

남편이 아침에 출근하고 저녁에 퇴근해서 집에 오면 나는 맛있는 저녁을 준비해 놓고. 자연스럽게 친정 부모님의 모습이 그려지는 듯했다. 내가 이런 모습을 꿈꾼다는 것을 아무에게도 말하지 않은 데에는 나름의 이유가 있었다. 보고 자란 것이 이래서 무섭구

나. 나는 엄마의 모습이 편안하고 안정적이고 행복하게 느껴진 것이다. 학교 갔다가 집에 돌아오면 항상 깨끗하게 청소가 되어 있었고, 소파의 위치라든지, 가구들의 배치가 달라져 있었다. 식사 시간이 되면 맛있는 반찬에 따뜻한 밥이. 그런 삶이 나쁘지만은 않다고 느꼈고, 엄마가 우리 집에서 제일 편하고 행복한 사람처럼 비쳤었다.

나도 항상 온기 있는 집에서 엄마처럼 편하고 예쁘게 살고 싶구나….

그리고 딱히 하고 싶은 것도 없었다. 하지만 친정엄마는 말씀하신다.

"넌 나처럼 살지 말고, 네가 하고 싶은 일을 하면서 멋있게 살아."

아빠가 월급을 잘 타오시고 특별히 생활에 어려움도 없고 엄마가 이 세상에서 제일 편한 생활을 하고 있는 것처럼 느껴진 나에게 왜 그런 말씀을 하셨는지 그 당시에는 이해가 되지 않았지만, 결혼을 하고 아이를 낳고 키우면서 엄마의 말을 조금은 이해할 수 있었다.

결혼을 해도 누가 억지로 구속하는 것은 아니지만, 많은 것을 포기하고 살아야 한다는 주부의 삶.

엄마도 하고 싶었던 꿈이 있었을 것이다. 언젠가 난 엄마에게 물어본 적이 있다는 기억을 찾아냈다.

"엄마는 결혼을 안 했으면 뭘 하고 싶었어? 학교 다닐 때 꿈이 뭐였어?"

둘째가 나에게 묻던 질문을 나도 했었다. 엄마도 자신의 감정에 솔직한 편은 아니시다. 계속 말씀을 안 하시다가 결국 입을 여셨다.

난 정말로 깜짝 놀랐다.

엄마가 한때는 배우가 되고 싶으셨다는 말씀에…. 상상도 못 한 답이었다.

외할아버지께서 너무 엄하셔서 엄마의 꿈은 말씀도 못 해보셨다고 한다.

그 순간 난 엄마가 측은하다는 생각이 들었다. 엄마는 손재주가 뛰어나시다. 그림도 곧잘 그리시고, 만드시는 것도 잘하시며 집안 인테리어를 감각 있게 잘 꾸미시는 편이다. 내가 봤을 때 엄마는 예술적 재능이 있으신데 펼치지를 못하신 것 같다.

엄마도 착한 딸이셨기에 자신의 꿈을 고이고이 접으신 것임에 틀림이 없다.

본인의 못다 이룬 꿈에 대한 갈망이 있으시기에 나에게는 꿈을 꼭 이루고 살기를 바라신 것 같다. 하지만, 어쩌나…. 나도 엄마의 딸이기에 내 감정을 표현하는 것보다는 엄마, 아빠에게 칭찬받는 착한 딸이 먼저라고 생각한 듯하다.

난 내 감정을 남들과 소통하고 지내는 것에 익숙하지 않다. 그러다 보니 내 꿈도 정확하지 못한 것은 아닐까….

난 6살 때부터 피아노를 쳤다.

남들이 피아노를 잘 친다고 하니까 막연히 피아니스트가 되어야 하나 보다 생각했었다. 엄마는 집에 손님이 오시면 꼭 나를 부르셔서 피아노를 쳐보라고 하셨었다.

난 치고 싶을 때도 있었고, 그렇지 않을 때도 있었지만 엄마를 실망시키고 싶지 않아서 쳤다. 물론 나도 처음에는 좋아서 배웠다. 매일매일 몇 시간씩…. 그때의 열정이 한 번에 꺾인 계기가 생겼다.

내가 초등학교 4학년 때의 일이다.

이사를 가게 되었고, 몇 달을 쉬다가 다시 피아노 학원을 다니게 되었다. 난 치기 싫었고, 그냥 취미로 자유롭게 치고 싶었지만, 엄마는 피아니스트들도 다 이런 슬럼프가 있었고 그것을 이겨내야 한다고 말씀하셨다.

이제까지 배운 것이 아깝지 않냐고…. 그 말이 또 맞는 것 같아서 난 하는 수 없이 피아노 학원을 또 다니게 되었다.

거기에서 나에게 일어난 대형 사건.

친구들과의 노는 재미에 빠져 연습을 게을리하게 되면서 자연스럽게 숙제도 대충 설렁설렁하게 되었다. 레슨을 받으면서 선생님의 목소리와 행동이 지금도 생생하다.

"너 피아니스트 되고 싶은 거 맞아? 그러면 이렇게 연습하면 안 돼. 다른 친구들과 똑같이 쉬고 똑같이 연습하면 어떻게 하니? 정말 피아노가 좋은 거 맞아?"

난 아무 말도 할 수가 없었다. 정말 내가 바라는 것이 맞나…. 나도 혼란스러웠다.

그런 시기가 몇 달간 지속되었는데, 결정적인 일이 생겼다.

운명의 그날, 선생님께서 무척 화를 내셨다. 그날은 나도 나름 열심히 연습을 하고 있었는데, 손가락이 자꾸 무너지는 느낌…. 음이 선명하게 나오지 않고 뭉개지는 것이다. 나도 속상한데 선생님께서 30cm 정도 되는 나무스틱을 가지고 박자를 맞추시곤 하셨는데, 그 스틱으로 내 손등을 몇 대 때리셨다. 어느 누구에게도 단 한 대도, 한 번도 맞아보지 않은 나는 한동안 아무것도 할 수가 없었다.

얼굴이 붉어지고 손은 떨리고, 악보는 보이지도 않고, 심장은 콩닥콩닥….

상황을 보시더니 선생님께서는 나의 심상치 않은 얼굴을 감지하시고 오늘은 그만 집에 돌아가라고 하셨다.

난 더 이상 그곳에 앉아 있을 수가 없었다. 집에 오는 길에 고민 또 고민을 했다.

엄마에게 뭐라고 말하지?

솔직하게 말해도 될까?

아니면 아무 일도 없었던 듯이 들어가고 다음 날 학원에 갈까?

물론 선생님께서는 지금 생각해 보면 수강생이 좀 더 잘 치기를 바라는 마음에서 그런 행동을 하셨을 것이다. 보통의 친구들도 아무렇지도 않게 받아들였을 수도 있었다.

하지만 내성적이고 소심한 나에게는 큰 충격이었다. 아주 커다란 나의 자존심을 건드린 듯한 느낌. 이것이 핑계였는지도 모르겠다. 내가 피아노를 그만둘 수 있었던 사건.

엄마에게 있었던 일들을 이야기하고 더 이상 피아노를 치고 싶지 않다고 용기 내어 말하였다.

엄마는 아직도 내 꿈이 피아니스트인 줄로만 알고 계실 것이다. 피아노가 싫은 것은 아니다. 난 여전히 피아노곡이 제일 듣기 편하다. 혼자 있고 싶을 때에도, 특히 비가 오는 날에는 더욱 생각이 난다.

　결혼을 하고 두 딸을 낳아보니 엄마의 마음이 조금은 이해가 갔다.

　나도 전공은 아니어도 아이들이 악기를 다룰 줄 알기를 바랐다. 내가 다룰 줄 아는 악기가 피아노이니, 피아노를 가르치고 싶었다. 하지만 이 또한 내 마음 같지가 않았다. 첫째는 잘 따라가는 듯했으나, 집에서 엄마인 나의 지나친 관심 때문인지 힘겨워하는 모습이 보이고 고학년이 되면서 자연스럽게 그만두게 되었고, 둘째는 처음부터 치기 싫다고 하였다.

　그 당시에는 무척 서운했다. 그래서 집에서 커다란 공간을 차지하고 있는 피아노를 처분해야 하나를 심각하게 고민 중이다.

　아니면 더 나이 들어서 다시 레슨을 받아볼까….

　내 안에는 다중이가 존재하는 것임에 틀림이 없다.

　한편으로는 편안하고 평범한 삶을 바라기도 했지만, 또 한편으로는 한 곳에 정착하지 않고 전 세계를 훨훨 돌아다니는 삶을 원하기도 했다.

　구속받지 않는 자유로운 삶. 생각만 해도 멋진 그런 사람이 되고 싶기도 했었다. 낯선 곳에서 익숙하지 않은 사람들을 만나서 알아가는 과정이 그리 싫거나 불편하지는 않았던 것 같다.

　학교 다닐 때 난 그리 여행을 자주 다녔다거나 활동적이지는 못했다. 사춘기를 늦게 알아버린 첫째 아이처럼 난 대학교를 졸업하면서 여행을 다니기 시작하면서 점차 자의식이 생겼다.

아주 우연한 계기로 학원에 취직을 하게 되었다. 친구들 중에 학원 선생님들이 하나둘씩 늘어나면서 나에게 학원 선생님의 이미지가 그리 나쁘지만은 않았던 것 같다. 나중에 친구들과 과목을 나누어서 가르치면서 종합학원을 열기로 약속했던 적도 있었다.

학원에서 나는 초등학생들에게는 수학은 물론 시험 기간에는 전 과목을 학습해 주었고, 중등부 학생들에게는 수학을 가르치게 되었다. 내 인생에서 처음 내가 벌어서 받는 월급은 얼마 되진 않았지만, 무척 기다려지고 보람되었다. 학원이 잠원동에서 규모가 큰 편이었기에 난 쉽게 과외를 할 수 있었고 남들이 말하는 투잡을 갖게 되었다. 비록 일주일에 2~3번 정도는 저녁을 10시에 먹어야 했지만 재미있었고, 보람도 있었다.

그때 인연을 맺은 첫 과외 했던 학생이 내가 결혼하고 십 년 정도 흘렀을 때 우연히 싸이월드를 보고 연락을 해왔다. 그 친구는 피아노를 전공하고 싶어 하던 예쁜 아이였는데, 바라던 대로 음대에 진학을 하였다고 한다.

사람의 인연은 역시 옷깃만 스쳐도 인연인 것 같다.

그 친구와 수업을 하면서 화를 냈다가, 달랬다가, 친구처럼 고민 상담을 들어주었다가, 여러 추억들이 스쳤다. 그래서 더욱 기억에 남는 것 같다. 지금은 30대가 되어 있을 나의 제자. 난 점차 학원 일을 하면서 깨닫기 시작한 것 같다.

무엇을 하든지 누구를 만나든지 항상 진심으로 사람을 대해야 한다는 것을.

나 자신을 변화시키는 힘

─── 큰 아이의 폭풍우 같은 사춘기가 오면서 나는 나 자신에게 더욱 집중하기 시작했다. 컴퓨터를 켜고 경력단절 여성이지만 내가 할 수 있는 일에 대해 매일매일 찾기 시작했다.

그러다가 우연히 컴퓨터에서 '인성 강사를 양성한다'는 글을 보게 된다. 그 문장을 보자마자 나의 가슴은 뛰기 시작했다.

난 눈이 커지면서 "이거야."라는 말을 내뱉었다.

바로 등록을 하고 2달이라는 교육을 이수하고 시범 강의를 통해 드디어 인성 강사가 되었다. 내 이름이 새겨진 첫 명함을 갖게 된 것이다.

나의 일에 몰입하고 내가 하는 일에 애착을 갖게 되면서 다시 활력을 찾게 되었다. 물론 아이들을 보는 관점 또한 180도 달라지기 시작했다. 존중해 주고 기다려 주는 시간이 늘어나면서 첫째도 웃음을 되찾기 시작하였다. 실수해도 괜찮아, 누구나 실수는 할 수 있어. 수업 교안을 소리 내어 연습하는 나를 보며 가족들도 힘차게 응원해 주었다. 내가 본인들을 향한 지나친 관심에서 벗어나서였을까….

첫 학교 수업을 나갈 때를 잊지 못한다.

난 전직 학원 강사이지 않은가. 다른 강사들에 비해 떨리지 않을 줄 알았다.

하지만, 세상에나….

긴장해서 잠을 설쳤고, 교안을 줄줄 외웠는데도 불구하고 생각이 안 나는 부분도 있고, 어떻게 수업을 마무리했는지 모를 지경이었다. 그런데 그때의 설렘이 난 참 좋다.

벌써 8년이라는 세월이 지나 9년 차 강사가 되었다. 여러 학교를 나갔고 초등학교 학생, 중·고등학생, 군인, 성인, 장애 학교 친구들, 강사가 되고 싶은 사람들, 경력 단절 여성들 등 다양한 분야의 사람들을 만났다.

짧게는 1, 2시간 특강으로 길게는 2달을 만나면서 그들이 내게서 기대하는 것은 무엇일까?

내가 과연 그들에게 주려고 하는 메시지는 무엇일까?

내가 그들보다 더 잘나서가 아니다. 그들에게 자신의 감정을 들여다보고, 그 감정을 적절한 경우에 알맞게 표현하는 방법을 알려

주는 역할을 하는 것뿐이다.

　내가 혼자서 하지 못했던 것을 공부하고 좋은 방법을 공유하며 실습해 보는 시간이랄까. 예를 들어 요즘 화두가 되고 있는 '분노'라는 감정에 대해 수업에 들어가면 "분노라는 감정은 좋은 감정일까요? 나쁜 감정일까요?"를 먼저 묻는다.

　대부분 학생들은 나쁜 감정이라고 답한다. 하지만 그렇지 않다. 우리가 가지고 있는 무수한 감정들 중의 하나이고, 우리에게 꼭 필요한 감정인 것이다. 하지만 분노라는 감정을 무분별하게 쓰기 때문에 문제가 되는 것이다.

　내 감정에 충실한다고 화를 아무에게나 시간, 장소에 관계없이 낸다면 문제가 되는 것이다.

　요즘 묻지 마 폭행이 심심찮게 일어나고 있다. 지하철 속에서 길거리에서. 일면식도 없는 낯선 사람에게서…. 학교에서도 마찬가지이다. 이유 없이 행해지는 폭언과 폭행들을 참아야만 할까? 나의 감정을 있는 그대로 표현하면 좋을까?

　시간, 장소, 경우에 따라서 조절할 줄 알아야 한다는 결론이다.

　무조건 참는 것이 아니라, 나에게 좋은 방향으로 선택을 하는 것을 말한다.

　예를 들어 난 인스턴트 음식을 먹고 싶은데 엄마가 못 먹게 할 경우 먹고 싶은 욕구를 참는 것이 아니라 나의 건강을 위해서 지금은 안 먹는 것으로 나의 선택을 존중하는 것을 말한다. 그 결정을 엄마가 아닌 나 자신을 위해서 몸에 좋은 것을 선택하는 것이다. 자신의 감정을 들여다보는 수업을 하면서 무척 보람된 일들이 많이 있다.

첫 수업 시 나를 대하던 낯설어하던 아이들의 눈빛에서 점차 회기를 거듭할수록 아이들의 천사 같은 미소와 웃음소리를 들으면 힘든 줄을 모른다.

수업 후기에 자신의 감정, 특히 화를 조절하는 방법을 알아서 좋았다, 계속 이런 수업이 있었으면 좋겠다, 자기 자신을 위해서 바른말을 써야겠다, 앞으로는 친구들에게 소리를 지르지 않고 자신의 감정을 말로 하겠다 등등.

난 아직도 수업 의뢰가 들어오면 가슴부터 설렌다.

'이번에는 어떤 친구들을 만날까? 어떤 이야기들이 펼쳐질까?' 매 수업마다 난 최선을 다한다고 감히 말할 수 있다. 그렇게 말할 수 있는 이유는 난 매사에 내 마음을 온전히 전달해 주고 싶은 열정으로 수강자들을 만나고 대하기 때문이다.

물론 나만 그런 것은 결코 아니다. 수많은 강사님들도 자신의 일에 프로답게 최선을 다하시는 열정 가득한 분들일 것이다.

내성적이고 소심했던 내가 나의 이야기들을 진솔하게 툭 터놓고 이야기할 수 있는 힘이 어디에서 나올까?

내가 아이들을 키우면서 나름 한다고 했지만, 제대로 하지 못한 경청에서부터가 아닐까 싶다. 상대방의 이야기를 진솔하게 듣는다는 점. 아무런 편견 없이 공감해 주려는 자세가 중요하지 않을까.

초보 강사 시절 가끔씩 딸들이 수업 준비를 하고 있는 나에게 와서 이야기했다.

"엄마는 왜 이렇게 수업 준비할 때만큼은 친절해? 상냥하고. 우리에게는 안 그러면서….”

내가 그랬었나? 나도 모르게 수업 준비를 하다가 저녁을 준비해야 하고 원고를 외우다가 설거지를 해야 하다 보니 예민해졌었던 것 같다. 난 또 한 번 반성을 하게 되었다.

나를 만나는 수강자들도 중요하지만, 정작 내 아이들이 나를 더 많이 만나고 중요한데, 내가 놓치고 있구나….

거기에 남편이 기름을 붓는 말 한마디를 하였다.

"당신 요즘 많이 착해졌다고 했지. 자신의 일에 몰두하는 모습이 보기 좋아.”

칭찬인가? 아닌가? 아무튼 나도 발전하고 있고 반성하고 있고 깨닫고 있다는 증거인 것이다. 이렇게 성인인 나 자신을 변화시키는 것 또한 공부이다. 누군가 말했다. 인간은 태어나면서 평생 공부를 해야 한다고. 아, 지겨워!!!

하지만 누구에게나 언제 어디서나 세 사람 중에는 꼭 스승이 있다고 하지 않았던가.

무엇인가를 깨닫고 배우고 알아나가는 시간이 무척 소중하게 여겨진다.

강사 일을 하면서 나는 여러 분야를 접하게 되었다. 자연스럽게 나의 지적 호기심들이 발동이 되면서 나는 자격증 파티를 하고 있었다. 강사란 자신의 주 강의분야가 있어야겠지만, 다방면으로 알고 있으면 강의하는 데에 도움이 되는 것 같다. 인성을 공부하면서 사람에 대한 관심과 궁금증이 생겼다. 부모교육, 진로교육, 퍼스널 컬러, 이미지 메이킹, 컬러 테라피, 감성코칭….

이렇게 다양한 분야의 공통점은 무엇일까?

그것은 바로 사람이다.

인성 강사로 분노조절과 언어순화를 주로 강의를 하면서 학부모의 관점에서, 학생의 관점에서 필요한 교육을 공부하게 되었고, 강의를 하게 되었다.

내가 했던 시행착오를 생각하고 이야기하면서 서로 공감대가 형성되었고, 진정성 있는 강의가 만들어졌다. 아이들의 발달 시기를 알아가며 그에 맞는 말과 행동에 대해 이야기하고 서로 조언을 해주면서 자연스럽게 경청과 공감에 대해 알아가는 뜻깊은 시간을 맞이했고, 나 자신을 위한 격려의 한마디 시간을 통해서는 같이 눈물을 나누기도 하였다.

우리들은 이렇듯 누군가가 나를 알아주는 한마디가 필요했던 것 같다.

"여러분은 누구를 가장 사랑하나요?"라는 질문을 하면 학생들은, 학부모님은, 성인들은 가족이라는 말을 가장 많이 한다.

나에게도 한참을 생각하게 하는 질문이다.

"여러분들은 누구를 가장 사랑하시나요?"

"정답은 바로 자기 자신입니다. 자기 자신을 가장 아끼고 사랑해야 합니다."

나는 나 자신을 사랑하고 있나?

얼마나?

난 사랑한다는 표현을 무척 어색해한다.

아이들이 크고 나서는 더욱 안 쓰는 단어가 되어버렸다. 그래서 이런 질문을 받아든 나는 한참을 생각했던 것 같다.

왜 이렇게 사랑한다는 단어가 어색하지? 어릴 때부터 못 들어봐서 그런가?

친정엄마 또한 표현을 아끼시는 분이시다. 연애할 때에도 난 상대방에게 표현을 잘하지 못했던 것 같다. 드라마에서 보면 남녀 주인공들은 무척 달달한 표현을 잘 쓰던데, 난 왜 안 나올까?

비록 그 단어가 나오지는 않더라도 자기 자신에 대해 제일 먼저 사랑해야겠다는 생각을 갖는 것이 중요하다.

평상시와 다름없는 주말 오후 저녁식사 시간. 아구찜을 같이 둘러앉아 먹고 있었다. 난 아이들을 챙기느라 거의 아구찜에는 입도 대지 않았다. 아이들이 좀 더 먹기를 바라는 마음으로 콩나물에 밥을 비벼 먹고 있었다. 하지만, 남편은 그렇지 않았다. 생선을 유독 좋아하기도 하지만, 별생각 없이 맛있게 먹는 거였다. 난 왜인지 모를 화가 올라왔다.

아이들을 좀 더 주지….

하지만 깨달았다. 그러면 안 됐었다.

내가 아구찜을 싫어하는 줄 알았던 아이들.

"엄마도 아구찜 좋아해?"라는 말을 하던 해맑은 아이들.

응, 엄마도 좋아하고 맛있게 먹을 줄 알아.

누군가가 말했다.

생선을 구워서 항상 살은 아이들을 주고 정작 본인은 대가리를 먹었더니 나중에 나이가 들어 그 엄마가 친구분들과 놀러 갔는데, 자식들이 싸준 도시락을 펴보니 온통 생선 대가리뿐이더라는 말.

웃픈 이야기가 아닌가.

학생들에게 인성 분야에 대한 강의를 하다 보니 진로에 대한 고민이 많다는 사실을 알게 되었다. 그래서 공부를 하게 된 것이 진로교육이었다.

나도 그랬지만 부모님들은 진로를 직업이라고 생각한다. 하지만 엄연히 다르다.

진로는 직업이 아니다. 내가 무엇을 하느냐가 아니라 어떤 사람으로 살아가느냐를 고민해야 하는 것이다.

아이들에게 꿈이 무엇이냐고 물어보면 직업을 이야기한다.

예를 들어서 의사가 되는 것이 꿈이라고 한다면 공부를 열심히 해서 의대에 진학하여 의사가 되면 그 친구는 꿈을 이룬 것이고 꿈이 끝난 것이다.

내가 왜 의사가 되고 싶은가를 잘 들여다봐야 한다.

몸과 마음이 아픈 사람들을 도와주고 싶어서 의사가 되고자 한다면 의사가 꼭 아니어도 도와줄 수 있는 방법에는 여러 직업이 존재한다.

간호사, 물리치료사, 상담사, 약사, 요양보호사….

꼭 의사가 아니어도 몸과 마음이 아픈 사람들을 도울 수 있는 역량을 가진 사람들은 이렇게 다양하게 있다.

아이들의 진로를 정할 때 무엇을 좋아하는지, 무엇을 잘하는지, 어떤 것이 이 사회에서 가치로운 것인지를 잘 생각해 봐야 할 것이다.

아이들은 무한한 가능성이 있다. 그러므로 오늘의 꿈이 다르고, 일주일 후의 꿈이 다를 수 있다.

난 어떤 사람으로 살아가고 있는가를 생각하게 한다.

사람들에 대한 관심과 호기심이 생기면서 나는 컬러에 대해서 알게 되었다.

사람들마다 타고난 성향의 컬러가 있고, 끌리는 컬러의 심리에 대해 공부하기 시작했다. 생일로 알아보는 타고난 성향의 컬러는 변하지 않는다.

내가 그런 컬러를 가지고 태어난 것이기 때문에.

하지만, 타고난 컬러이지만 발현이 안 될 수도 있다는 사실도 알게 되었다.

내가 그러한 케이스이다.

나는 수학 강사로서 약사이신 친정아빠의 성향을 보고 자라서 책임감 강하고, 분석적이며 계획적인 블루인 줄 알았으나, 현실을 즐길 줄 알고 호기심 많고 칭찬받기를 좋아하는 타고난 무대체질인 오렌지와 옐로우와 레드가 아닌가. 가지고 있는 컬러와는 정반대로 살고 있었던 것이다.

살아온 환경의 중요성을 또 한 번 느꼈던 순간이었다. 자신의 심리 상태에 따라서 끌리는 컬러의 해석 또한 매력적이다.

컬러는 다양한 사람들과 별다른 거부반응 없이 받아들여지는 도구이나.

우리가 아침에 눈을 뜨면서 보여지는 모든 것들이 컬러로 가득하기 때문이다.

컬러로 상담을 하고 사람들과 소통을 하면서 지금까지 내가 공부해 온 것들이 하나로 완결체가 되어가는 느낌을 받았다.

그러다가 지적 호기심이 많은 나는 감성코칭 지도사라는 문구를 보게 되었다.

보자마자 자석에 이끌리듯이 신청을 하게 되었고, 열심히 수업을 듣고 또 하나의 타이틀을 가지게 되었다.

대학원에서 코칭 심리를 전공하였고, 감성코칭이라는 단어가 내 마음을 또 한 번 흔들어 놓았던 것이다.

우선 코칭은 상담과는 약간 다르다. 피코치가 가지고 있는 잠재력을 극대화하여 자신이 나아가고자 하는 방향으로 피코치의 성장을 돕는 것을 말한다.

여기에서 코치와 피코치는 동반자적 관계로써 직접적인 해결책을 제시하지는 않는다. 하지만, 피코치의 자기성찰을 통해서 그가 세운 목표에 도달할 수 있도록 옆에서 지지하는 역할을 한다.

이를 감성적으로 접근하는 것을 감성코칭이라 한다.

감성, 자신의 감정을 스스로 판단하고 조절할 수 있는 능력. 다른 사람의 감정을 이해하고 배려하는 능력을 말한다.

나에게 꼭 필요한 항목이라고 할 수 있다.

현대 사회에서 바쁜 일상을 보내고 있는 사람들에게 더욱 필요한 것이 감성코칭이 아닌가 싶다. 지식보다는 감성을 키워야 한다고 말한다. 지식만을 쌓다 보면 사회에 나와서 가장 힘든 부분이 인간관계라고들 한다.

사람들을 어떻게 대해야 하는지, 어떤 말을 해야 하는지, 어떻게 친구를 맺어나가야 하는지….

대학생들을 지성인이라 부른다. 하지만, 수강신청은 어떤 것을 위주로 해야 하는지, 어떤 과목을 들어야 하는지, 공강 시간에는 무엇을 해야 하는지 등등 다 그런 것은 아니지만, 요즘 대학생들을 보면 고등학생과 별반 다르지 않다고 느껴진다.

물론 내 아이도 어디에 속하는지는 모르겠다.

스스로 해결하려는 능력, 자신이 무엇에 관심과 흥미가 있는지 제대로 몰라서 막막할지도 모른다. 우리 모두는 내 아이를 똑똑한 이이로 키우기 위해 열정과 정성을 다한다. 거기에 내 아이가 행복하기를 바란다면 감성을 키워주어야 할 것이다.

'행복하면서도 성공한 사람들의 공통적인 특징은
높은 지능이나 학업 성적, 부유한 환경 등이 아니라
감성지능이 높은 사람이다'
−Daniel Goleman

방대한 지식을 쌓는 것, 4차 산업혁명 시대에 맞추어 변화의 속도에 대처하는 자세 또한 필요하다.

하지만 이에 앞서 감성지능을 먼저 챙기도록 하자.

감성코칭은 내 마음을 이해하고 다른 사람의 마음을 배려하는 공감능력을 키워 나 스스로 행복을 찾아가는 과정인 것이다.

내 감정을 빠르게 파악하여 스스로 해결 방법을 찾을 수 있다면 얼마나 좋을까….

그렇지 못한 존재이기에 우리는 끊임없이 인지하는 힘이 필요하다.

'미牧치면 통通하는 마법'

미쳐야만 통하는 마법이 아닌 편안하게 통하는 부모가 되기 위해 모인 9명의 어벤져스 군단.

우리는 각자 다른 영역에서 활동하고 있는 강사들이 감성코칭이라는 공통분모를 가지고 만났다.

공부를 하고 시강을 하면서 아낌없는 조언을 해주며 같이 성장해 나가는 모습을 보고 있다.

강사이기 이전에 우리 또한 한 가정의 부모이다.

행복한 삶을 살고 싶은 각자의 소망을 담아 하나의 이름으로 연구소도 만들게 되었다.

앞으로의 나의 행보가 궁금하다. 어떤 일들이 펼쳐질까….

또한 미통부모교육연구소로 많은 사람들이 감성의 중요성과 더불어 모두가 성장하는 즐거운 일들이 일어날 것 같은 기분 좋은 예감이 든다.

'매일 행복하진 않지만, 행복한 일은 매일 있어'

– 곰돌이 푸의 명언 중에서

내가 좋아하는 문구다.

행복은 내가 만들어 가기 나름이다.
매일 작은 어떠한 것이라도 행복하다고 생각하면 난 행복한 사람인 것이다.
난 지금도 여전히 앞으로 늘 행복을 꿈꾼다.

牧 通
미·치·면 통·하·는 마·법

❷ 내 마음의 주인이 되기까지

우명숙

나는 내가 힘들다

───── 40년 전 산골 작은 마을 하얀 눈이 소복이 쌓인 추운 겨울. 유난히도 크고 둥근 달이 뜬 날, 그날 밤. 단발머리의 촌스러운 아이가 무릎을 꿇고 두 손 모아 달님께 소원을 빌었다.

"달님 달님! 저는요, 꼭 성공이란 것을 하고 싶고 꼭 이루게 될 것 같은데요. 그런데 너무 빨리 성공하게 하지 말아주세요. 제가 오랜 시간 동안 고민하고, 열심히 살면서 늘 성공을 갈망하고 욕심을 내고 열심히 할 때 그때는 꼭 도와주세요. 꼭꼭 제 소원을 들어주세요."

하얗고 밝은 달이 나를 비추던 그날 밤, 어린 나는 어쩌다 이런 소원을 빌었을까? 산골 밖을 나가본 적도, 누군가 성공에 대해 강요한 사람도 하나 없었는데 그 누구도 가르쳐 주지 않은 욕심을 내고 있었다. 내게 감성코칭을 언제부터 관심 가졌는지 묻는다면 나는 그 소원을 말한 순간부터였다고 말하고 싶다. 나는 늘 큰 꿈을 가지고 있었다. 그러나 현실은 초라하고 어두웠다. 현실과 이상의 차이가 크게 나는 내 삶은 무엇을 해도 늘 허전하고 우울했다. 나는 너무 궁금했다. 사람의 마음이란 게 무엇인지, 내 마음을 어떻게 해야 하는지. 나는 '나를 데리고 사는' 게 너무 힘들다. 궁금하다. 난 왜 이런 마음으로 살아가는 걸까?

20대, 서울에서 자취를 하게 되었다. 모든 걸 스스로 해결해야만 하는 서울살이는 힘들었다. 다달이 월세를 내는 것도, 수도세, 전기세를 내는 것도 하루하루가 버거웠다. 매일 벼랑 끝에 발끝으로 겨우 서 있는 느낌, 바람이 조금만 세게 불면 떨어질 수 있다는 두려움. 빛 하나 없는 긴 터널 속에 혼자 아득한 외로운 느낌이었다. 그러면서 나는 처음으로 부모를 원망했었다.

30대가 되고 나는 더욱 초라해졌다. 다들 결혼하고 가정을 이루고 행복해하는데 내겐 아무것도 없었다. 돈도, 번듯한 직장도, 남편도. 나에겐 30대 중반의 나이와 빈 통장밖에 남지 않았다. '인생의 낙오자'라는 생각과 무엇을 다시 시작하기엔 늦었다는 생각으로 내 자존감은 바닥 끝까지 떨어져 있었다. 그러다, 힘들고 어려운 시간 내 곁을 함께 해준 어릴 적 동네친구가 있었음을 깨닫게 되었다. 유난히 말이 잘 통하던 그 친구와 나는 부부가 되었다. 내 삶을 잘 알고 있는 그를 통해 나는 이제까지 힘들었던 모든 걸 보상받을 수 있을 것이라고 믿었던 것 같다. 그러나 자존감이 바닥나있던 상태에서 시작한 결혼생활은 평탄하지 않았다. 친구로는 더할 나위 없는 좋은 사이였지만, 부부로서의 우리는 서로를 향한 비난과 미묘한 감정 충돌로 늘 싸움을 반복하며 살았다. 나를 배려하지 않는 남편. 나는 늘 사랑받지 못하는 느낌이었다. 나는 늘 외롭고 사랑에 목말랐다.

늦은 나이의 결혼과 첫째의 출산 후 4년이 지나고, 둘째에 대한 마음을 접었을 무렵 둘째가 내게 찾아왔다. 41세의 출산은 감사의 선물이었지만 우울과 무기력도 함께 찾아왔다. 세상이 막막하고 길을 찾기 어려울 때 주위에 터놓고 의논할 사람이 없던 나는 자주 점집을 찾아갔다. 누구에게도 말할 수 없는 내 마음을 이야기할 수 있는 유일한 곳이었다. "너는 잘할 수 있다. 원하는 것을 이룰 수 있다"고 그 말 한마디에 위로와 희망을 얻었다. 그 힘으로 지금껏 살 수 있었기에 이번에도 점집을 찾아갔다. 답답하고 무기력하며 앞으로 어떻게 살아야 하는지, 무엇을 하며 살아야 하는지? 막막한 마음을 털어놓았다.

"아이가 몇 살이에요?"
"8살, 4살이에요."

그분은 여러 말들을 했겠지만 내가 들은 말은 하나였다. 아직 아이가 너무 어리니까 둘째가 초등학교에 입학할 때까지만 아이를 잘 키우면 그때 새로운 기회가 올 것이라고 말했다. 그때 원하는 대로 살 수 있으니 조금만 참으라고 했다. 그 말에 나는 안도의 한숨을 쉰 것 같다. 어쩌면 나는 세상에 나가기가 무서워서 도망칠 핑계가 필요했던 것 같다.

코로나 1학년

── 드디어 둘째가 입학을 한다. 책가방과 예쁜 티셔츠 하나를 샀다. 그런데 뉴스에서 처음 듣는 코로나라는 전염병이 발생했다고 하더니 어느 날부터는 마스크를 끼라고 한다. 그런데 마스크를 사기 위해 줄까지 서서 기다리고, 또 갑자기 점점 그 수가 불어나더니 뉴스에서 다른 나라들의 마트 싹쓸이가 보도되기도 했다. 나는 점점 무섭고 불안해서 마트로 달려가 비상 식품을 사야 하나 고민도 하게 되었다. 하루는 쿠팡에 주문을 하려고 했더니 재고가 없다고 뜨는 게 아닌가. 그때는 불과 오후 2시였다. 그 잠깐 사이에 극심한 공포가 몰려왔다. 혹시 몰라 현금을 준비해 두고, 쌀도 체크하고, 물도 좀 사두고, 냉동고를 조금씩 채웠다. 그런 자신이 좀

오버일까 하는 생각도 했지만, 혼자가 아닌, 아이들의 엄마로서 나는 비상식량을 준비했다. 학교는 휴교가 되고 초등학교 입학식이 취소가 되면서, 아이들이 집에서 비대면 수업을 하게 되었다. 입학식도 없이 1학년이 된 둘째는 봄책, 수학 익힘책, 필통, 색연필, 풀, 가위 등을 챙겨 TV 앞에 앉았다.

비대면 수업이 낯선 것은 나도 아이들도 마찬가지였다. 교과서에 이름 스티커를 붙이고 수업 준비를 하며 나도 함께 입학한 기분이 들었다. 담임 선생님 얼굴도 모르는 아이는 EBS 선생님들을 담임 선생님처럼 좋아했다. 봄을 가르치는 호랑이 선생님과 수학 선생님을 반짝거리는 눈빛으로 바라보며 대답도 잘하는 아이가 안쓰럽기도 짠하기도 또한 기특하기도 했다. 그러나 학습꾸러미가 오면서 문제가 발생하기 시작했다. 학습꾸러미는 학교에 제출을 해야 하는데 집에 있는 엄마로서 아이에게 좀 더 깔끔하고 조금 더 완벽하게 해서 제출하고 싶었다. 남자아이들이 다 그런다고 하지만 첫째 딸을 키워서인지 모르겠지만 아들의 행동은 이해하기가 힘이 들었다. 시간이 지날수록 점점 화가 올라오기 시작한다. 글씨는 하늘로 날아가고 다시 쓰자고 하면 짜증내고, 색칠할 때 흰 부분이 너무 많아 조금 꼼꼼히 칠하자고 하면 짜증내고, 가위질이 서투니 천천히 잘라야 하는데 급하게 하다 찢어지면 울고, 풀이 안 붙는다고 울고. 내 마음속에 불덩이가 하루에 두세 번씩 올라왔다 내려가기를 반복했다. 아이는 아예 수업도 소파에 누워서 본다. 그러면서 물 달라 간식 달라 아주 상전이 따로 없다.

뉴스에서는 매일 코로나 뉴스가 전해지고 상황은 점점 심해져 갔다. 언제 끝날지 아무도 모르는 답답한 시간이 계속되었다.

하루 삼시 세끼에 간식까지, 24시간 아이와 함께 지낸다는 것은 생각보다 많은 에너지를 쓰는 일이었다. 처음에는 이것이 좋은 추억이 될 것이라 믿었다. 내가 언제 이렇게 온전히 아이들에게 집중할 수 있을까? 분명 시간이 한 20년쯤 지나면 지금을 그리워할 수도 있을 것이라고 생각하며 즐거운 마음으로 보내려 애를 쓰고 있었다. 그러나 학교도 집 밖에도 나갈 수 없는 현실은 어제도 오늘 같고, 오늘도 어제 같은 일상. 갑자기 맞이하는 이 일상으로, 아이들의 규칙도 무너지고 나의 생활패턴도 엉망이 되어갔다. 시간이 점점 길어질수록 내 두 번째 삶 같은 것은 원래 없는 것인가, 막연한 두려움이 들었다.

박카스 한 병의 사랑

───── 코로나가 3주째쯤 나는 또 멍하니 재미도 없는 TV 채널을 돌리며 따분하게 오전을 보내고 있었다. 방에서 놀던 두 아이가 키득키득하더니 밖에 잠시 나갔다 온다고 했다. 조금의 시간이 지나 삐삐삐 문이 열리고 서로 먼저 들어가라는 소리와 함께 두 아이가 내게 다가왔다. 손 뒤에 무언가를 감추고 있었다. 과자를 사 왔나? 생각했다.

그러나 두 아이가 내게 내민 것은 박카스 두 병과 꽃 한 송이였다. 그러고는 내게 이렇게 말을 했다.
"엄마 힘내세요."

"엄마가 우울해 보여요."

무기력한 마음으로 그냥 아무 생각 없이 지냈는데 어떻게 이런 생각을 했을까? 너무 놀라고 고마웠지만 솔직한 내 마음은 창피했다. 마음이 쿵 내려앉았다. 내가 뭘 했다고, 무엇을 노력했다고 아이들이 힘을 내란다. 내가 무슨 사랑을 많이 줬다고 이 아이들은 나에게 이런 사랑을 주는 걸까? 내가 늘 허기지던 사랑 늘 마음 고프던 사랑을, 아이들은 나에게 무작정 주고 있다. 왜 박카스냐고 물었다. 난 박카스를 잘 먹지 않았기에 궁금했다. TV 광고에 피곤하면 박카스라고, 힘을 낼 때 박카스라고 했단다. 그냥 음료수 두 병이 아니라 엄마의 마음을 챙기고 관찰하고 엄마에게 무엇이 필요한지 고민하고 사 온 것이었다. 남편에게 끊임없이 원했던 사랑이었고 혼자 벼랑 끝에 서는 기분이 들었을 때, 부모에게 원했던 그 사랑이었다.

지금도 돌이켜보면 나는 아이들로 인해 참 많은 칭찬과 부러움을 샀다. 아이들은 어딜 가나 늘 칭찬을 받았다. 하루는 첫째를 데리러 어린이집에 갔을 때 선생님 한 분이 나를 보더니 초아 어머니냐고 물으셨고, 왜 그러냐 여쭈니, 오늘 처음 출근해서 어색해 있었는데 초아가 다정히 인사를 해주고 자신을 챙겨주는 모습에 많이 감동을 받았다며 어머니가 누구인지 궁금했다며 내게 '고맙다'는 말씀을 해주셨다. 그날 밤 나는 참 초라해졌다. 아이들이 이렇게 잘 자라는데, 나는 매일 우울해하고 술을 마시며 끝없는 우울과 무기력으로 살고 있었기에. 나 자신에게, 아이들에게 너무도 창피했다. 어쩌면 난 온갖 핑계를 대며 내 인생을 원망만 하며 살았던 것 같다. 이제 정말 내 삶을 살기 위해 움직이고 노력해 보려고 한다. 두려워서 무서워서 내가 부족해서 포기하고 버렸던 내 자신을 나는 찾아야 한다.

감성코칭의 의미

─── 너무나 평범하고 안정적인 가정. 신랑은 회사 잘 다니고 아이들은 건강히 열심히 공부도 하고 아무 걱정 없어야 할 내 삶이 난 왜 이렇게 힘이 드는 걸까. 생각해 보면 너무도 감사한 일들뿐인데 왜 난 밤마다 잠을 못 자는 걸까? 누군가 내게 방법을 가르쳐 주면 좋겠다. 누군가가 말을 걸어주면 좋겠다. 이렇게 꼭 무엇이 되고 싶은 것인지, 왜 마음 깊은 곳에서 자꾸만 나 자신으로 만족하지 않고 끊임없이 스스로를 괴롭히는지, 왜 이렇게 괴로운 건지, 무엇을 위해 어디로 가는지, 이 답답한 도돌이표가 나를 괴롭혔다. 옴짝달싹하지 못하는 감옥 속에 사는 기분이었다. 운동을 해봐도 재미가 없고 공부를 해봐도 눈에 들어오지 않고 다 부질없고 허망한 일처럼

느껴졌다. 친구를 만나 술을 마셔도 그때뿐 더 허무하고 상처만 받을 뿐이었다. 혼자 마시는 술이 편했다. 말을 하지 않아도 되니까 상대방의 기분을 맞춰주지 않아도 되니까…. 나의 자존감은 아직도 추락중인 것같다 그 길고 어두운 시간, 한 치 앞도 보이지 않는 정말 지독한 안개. 그러나 사람들은 각자의 안개 속에 잘 어울려 살고 있었다. 나는 다른 공기가 필요했다.

무작정 나가서 돈을 벌자 생각했다. 집에 있는 시간을 줄여야 했다. 아이들을 키우며 아르바이트를 하는 것이 쉽지는 않았다. 갑자기 아이가 아프면 얼마나 민폐인가. 그래서 처음엔 학교 급식 아르바이트를 했다. 작업복에 모자, 장화를 착용하고 급식을 하고 대걸레로 바닥을 닦고, 음식물 퇴식구를 닦는 일, 어린 영양사에의 지시를 따르는 것은 몸도 힘들었지만 사실 많이 창피했다. 쇼핑몰 포장, 원단회사 샘플 작업, 학습지 채점 아르바이트 등등. 46세의 나이에 젊은 사람들 속에 시급을 받는 아르바이트. 사실 씁쓸할 때도 많이 있다. 그러나 이 또한 내가 감수해야 하는 것이라고 되뇌며 묵묵히 이겨냈다. 그렇게 조금씩 움직이니 내 속에 우울함이나 답답함이 없어지진 않았지만 마음이 조금씩 가벼워지기 시작했다. 그러나 내가 원하는 만큼의 변화는 일어나지 않았다. 늘 제자리에서 벗어나지 못하는 기분. 나는 변화를 원하고 다른 세상을 살고 싶은데 아무리 둘러봐도, 아무리 물어봐도 내 마음과 같은 사람은 없었다. 난 늘 외로웠다. 다른 무엇인가 있는데, 우물 밖으로 나가야 하는데, 아무도 동아줄을 내려 주지도 관심도 없는 것 같았다. 끊임없이 나에게 말을 걸어오는 내 속에 또 다른 목소리…. 나는 그 목소리에 지쳐가고 있었다.

그때 지인의 추천으로 학부모 지원센터 감성코칭이라는 수업을 듣게 되었다. 오랜만의 나들이에 설레고 마음은 들떴다. 첫 만남의 자리에서 자기소개와 수강신청 이유에 대해 이야기를 나눌 기회가 있었다. 오랜만의 자기소개에 미묘한 떨림 나쁘지 않았다. 다른 사람들의 소개가 끝나고 두근두근 내 차례가 되었다 나는 내 마음에 대해 알고 싶어 감성코칭에 지원했다고 대답했다. 나는 끊임없이 나에게 말을 걸어오는, 나를 불편하게 만드는 내 마음의 이유를 알고 싶었다. 다른 분들은 소개말만 들어봐도 벌써 분위기 범상치 않았다. 전업주부인 경우는 의외로 없었다. 갑자기 다른 세상 사람들이 내 눈앞에 있었다. 그렇게 보고 싶던 다른 세상 이야기가 궁금했다.

감성지능 수업 중 자기인식과 자기이해 단원이 있었다. 나를 들여다보는 과정이었다. 나는 어떤 사람이고 타인과 내가 다름을 알아가는 과정. 나의 의식, 전의식, 무의식에 대한 이야기가 나왔다. 나의 무의식에 무엇이 있는 걸까?

단산댁네 늦둥이 막내딸.

나의 아버지는 55살에, 어머니는 45살에 나를 낳으셨다.

나의 임신 당시는 우리 큰오빠는 결혼을 하고 군대에 가 있는 상태였다. 어린 며느리와 함께 살고 있던 엄마와 아버지가 얼마나 당황스럽고 창피했을지는 말하지 않아도 충분히 느껴진다. 임신 사실을 최대한 숨겨야만 했던 엄마는 본인이 할 수 있는 모든 방법을 동원했다. 높은 곳에서 뛰어내리기, 무거운 물건 들기, 언덕에서 구르기. 아무런 효과가 없자 어머니는 누군가 간장을 먹어보라는 말에 간장을 한 사발 들이켰다고 한다. 그랬더니 아이가 쑥 내려가는 느낌이 들었다고 한다. 그때 어머니는 덜컥 겁이 나셨단다. 다음 날 버스를 타고 약국에 가서 자초지종을 말하고 약사님께서 주신 약을 먹고 몇 달 뒤, 나는 건강하게 태어났다. 무던한 성격이라 엄마는 크게 힘들지는 않았다고 하셨다.

초등학교 1학년 때 우리 학교는 걸어서 산을 넘어서 가는 데 두 시간이 걸렸다. 책가방을 메고 집을 나선다. 집을 나와 산 중턱을 넘어갈 때쯤 드디어 나는 울기 시작한다. 학교는 불편했다. 글자도 모르는 나에게 글을 읽으라 하고, 수를 모르는 내게 자꾸만 셈을 세라고 한다. 가만히 자리에 앉아 잘 모르는 이야기를 들어야만 했다. 그러나 그런 건 버틸 만했다. 내가 학교 가는 길마다 울었던 이유는 준비물을 챙기지 못했기 때문이다. 그때는 매일매일 준비물이 있었다.

"엄마 크레파스 가져오래."

"내일 가져간다 그래!"

"엄마 도화지 가져오래."

"엄마 돈 없어 낼 가져가!"

늘 준비물을 챙기지 못했다. 가난하고 나이든 부모에게 막내딸의 준비물을 살뜰히 챙길 여유가 없었던 것 같다. 준비물을 가져가지 않으면 혼이 나고 손바닥을 맞았다. 난 학교가 그냥 좀 얼떨떨했다. 당황스럽고 두려웠다. 정말 우여곡절 끝에 결석 49번이라는 최고의 기록을 남기게 되었다. 그때부터였을까? 나는 더 이상 조르지도 울지도 않는 아이가 되었다. 아무리 말해도 아무도 내 말과 내 마음을 이해하지 않는다는 것을 알게 되었기 때문이다. 그리고 밤마다 끙끙 앓는 소리를 들으면서 늙은 부모의 삶은 어린 내가 보기에도 힘들고 버거워 보였다. "나만이라도 부모님 속 썩이지 말아야지."라는 생각을 자연스럽게 했었던 것 같다. 마음 깊은 곳에 아직도 산 중턱에서 엄마를 바라보며 목놓아 울고 있는 8살 명숙이가 있었다. 부모를 애써 이해하려는 가여운 아이가 있었다.

수업도 재미있어지고 있는데 이제 막 공부하는 분들과 친해지려고 하는데. 코로나로 인해 비대면 수업으로 전환하게 되었다. 줌ZOOM이 뭔지도 모르던 나는 친구의 도움으로 겨우 계정을 만들고, 아이의 학습방 밴드도 겨우겨우 설치했다. 뭐 하나 하려면 너무 힘들었다. 나만 그런 건가. 갑자기 찾아온 온라인 세상은 너무나 급작스럽고 빠르게 다가왔다. 마트 가는 것도 조심스러워 온라인 쇼핑으로 변해갔다. 저녁에 주문한 우유를 아침이면 집 앞에 가져다주는 세상. 식재료가 깔끔히 손질되어 넣고 익히기만 하면 되는 세상. 모든 것이 너무도 빠르게 변하고 있다.

줌으로 강의를 들어야 한다는 것도 새로운 도전이고 신기한 경험이었다. 처음에는 아이의 도움으로 줌을 켜고 수업에 참여했다. 화면에 뜨는 내 얼굴이 낯설고 목소리는 이상했다. 생각보다 집중하기 어려웠고, 잠깐 딴생각을 하면 수업이 벌써 지나가고 있었다. 오랜만에 책상 앞에 앉으니 엉덩이도 아프고 무엇보다 3시간 내내 듣기만 하니 너무너무 졸렸다. 한번 시작된 졸음을 떨쳐내는 게 너무 힘들었다. 방송에서 아이들이 줌으로 수업해서 집중 못 하고 딴짓한다는 이야기를 들었는데 정말 안 해본 사람은 말을 함부로 하지 말아야 한다. 진짜 생각보다 힘들어서 수업을 듣고 앉아 있는 것도 칭찬해야 한다.

사람은 아는 것만큼 산다고 했다. 나는 다양한 경험을 하며 넓은 세상을 꿈꾸고 살았지만 늘 우물 안 개구리였다. 그러나 감성코칭 과정을 들으면서 선생들과 이야기를 나누면 나눌수록 그들은 정말 나보다 100배는 앞서가는 사람들인 것 같았다. 신세 한탄만 하던 나와는 다르게 모두 전문 분야를 가지고 하나가 아닌 여러 방면에서 활동한 사람들이었다. 정말 눈이 번쩍 뜨였다. 내가 원하던 삶을 사는 모든 사람들이 여기 모여 있는 기분이었다. 닮고 싶은 그 사람들

중에 학벌도 아무능력도 없는 가장 부족한 내가 감성코칭대표가 되었다 전업주부로 시간이 많았기에 나는 카톡방에 소식만 전하면 되는 일이라고 쉽게 생각했다. 그 결정이 나를 이곳에 있게 만들었다.

 우리는 강사가 되기 위해 시험을 치러야 했다. 책상 앞에 앉아 컴퓨터를 켜고 강의준비를 한다는 것은 오랜만에 긴장감이 느껴지며 부담스럽기도 걱정되기도 했다. 이런 변화가 참 어색하면서도 내 모습에 왠지 모를 짜릿함이 느껴졌다. TV를 보고 밥만 하던 엄마가 과제의 고민을 하고, 자료를 찾고, 무언가 집중하며 밤늦게까지 공부하는 모습에 아이들도 나를 달리 보는 듯했다. 그렇게 떨리는 시험을 거쳐 당당히 감성코칭 강사로 선발되었다.

 감성코칭을 배울 수 있었던 것도 좋았지만 함께 선발된 선생님들과 나누었던 2년의 시간 동안 내가 느낀 그들의 에너지는 우물 안 개구리였던 내게 새로운 세상으로 나가게 해주는 동아줄이었다. 나와 나이도 비슷한데 직장도 다니고 아이들도 돌보고 석사과정, 박사과정 공부하고 끊임없이 자신의 발전을 위해 살고 있었다. 그들은 하루를 48시간처럼 쓰고 있었다. 이전의 나는 우울 속에 나를 가두고 안 된다는 핑계를 내세우며, 아무것도 시도하지 않으며 시간을 낭비했다. 현실과 다른 이상을 그저 내가 이상하다고 포기하고 있었다. 감히 그들을 따라갈 수 있을지 모르겠지만 그들의 에너지가 나의 심장을 두드리기 시작했다.

사랑받았다는 것

───── 감감성코칭 수업에서 아이들과의 관계를 배우면서 나와 엄마에 대해 찬찬히 살펴보기 시작했다. 난 엄마에게 깊은 애정의 갈망이 있는 것 같다. 감정의 굶주림 낮은 자존감. 사람들 앞에선 너무 좋은 털털한 성격이지만 혼자 있으면 우울한 이중인격 같은 내 모습이 나는 너무 당황스럽고 이해할 수 없고 힘이 들었다. 내 내면의 산 중턱에서 엄마를 바라보며 목놓아 울고 있는 8살 아이가 있다. 산 중턱에서 옴짝달싹 못 하는 그 아이가 나의 삶과 닮아 있다. 학교를 가야 하는 것은 알겠는데, 너무 가고 싶은데, 무섭고 용기가 나지 않는다. 어쩌면 내 내면의 목소리는 8살 그 아이가 아닐까? 어쩌면 40년간 그 산 중턱에서 8살 아이는 지금의 내가 데리러

오길 기다리고 있는 것은 아니었을까?

 그러던 어느 날 감성코칭 강의를 준비하면서 아이들 저녁을 챙겨야 했다. 할 일도 많은데 저녁 챙기기가 힘들고 짜증이 났다. 뭘 할까 고민 끝에 김을 넣은 계란말이를 했다. 그 계란말이를 하는 내 자신을 보며 조금 당황스러운 감정이 올라왔다.

 노란 계란 속에 까만 김이 들어간 계란말이.
 우리 엄마는 60이 넘은 나이에 학교 가는 중학생 딸의 도시락을 싸야 했다. 내 도시락 반찬은 노란 계란에 까만 김이 들어 있는 계란말이와 간장으로 볶아낸 감자. 나는 6년간 매일 그 두 가지 반찬을 싸 가지고 다녔다. 그때는 아무 생각 없이 당연하다 생각했던 엄마의 도시락 반찬. 60 넘은 노인이 옛날 그 춥고 더운 부엌에서 새벽에 매일 도시락 반찬을 만들었을 생각을 하니 미친 듯 눈물이 흘렀다. 나는 이렇게 편한 부엌에서 밥 차리는 것도 힘들어하는데.
 미안했다. 속상했다. 왜 몰랐을까? 그렇게 한참을 울고 나니 마음이 따뜻했다. 내게 "사랑한다." 말해주 셨으면 이렇게 힘들지 않지 않았을까. 나는 엄마에게 무한 사랑을 받은 사람이구나. 그 알아차림의 시간. 울고 있는 8살짜리 자신을 마주한 후 여러 변화가 생기기 시작했다. 내 삶을 이끌어갈 용기를 낼 수 있게 되었다. 추락했던 나의 자존감이 조금씩 올라오는 것을 느꼈다. 늦은 나이에 나를 낳고 병든 몸과 가난밖에 없는 부모님들은 얼마나 두려움이 크셨을까? 어른이 된 나는 이제 진심으로 그분들을 이해할 수 있는 힘을 가지게 된 것 같다. 그러나 엄마의 시간은 나를 기다려 주지 않았다. 85세의 고령이던 엄마는 몸이 조금씩 편찮으시더니 위독하다는 전화를 받고 병원에 도착한 30분 뒤 아무도 없는 병실을 지키던 내 앞에서 모질었던 자신의 삶의 무게 만큼에 거친 숨을 한참을 몰아쉰 후 너무나 평온히 숨을 멈추셨다. 한 번도 잡아보지 않았던 엄마의 손을 잡았다. 거칠고 투박한 아직은 따뜻한 손이었다. 나는 엄마 속 한 번 안 썩인 착한 딸이라고 생각했다. 그러나 살갑게 손 한번 안 잡는 딸에게 엄마는 섭섭하지 않았을까? 나는 나만 아는 철없는 막내였다는 것을….

  이제야 알게 되었다.

  어쩌면 엄마는 혼자 남게 될 딸을 강하게 키우려고 더욱 정을 아꼈던 건 아니었을지 이제야 엄마의 마음을 헤아려 본다. 나는 매년 2월 엄마 제사를 지내며 내가 사랑하고 있다는 것을 엄마에게 말하고 있다.

나는 성공하는 중

───── 2년의 시간 동안 많은 변화가 있었다. 딱 한 가지의 이유로는 설명할 수 없는 변화이다. 일단 아이들이 크면서 시간적인 여유가 생기고 감성코칭 수업을 들으면서 나에 대한 이해와 오해를 풀어내는 시간을 가진 것, 감정코칭 강사 자격시험을 치르면서 나도 할 수 있겠다는 생각이 들었다. 그중 가장 큰 변화는 내 내면의 목소리가 이제는 힘들지 않다는 것이다. 나는 내면의 목소리에 집중하며 귀담아들을 줄 알게 되었다. 고민을 함께 이야기하고 방법을 찾아 나아간다. 이제 나는 나를 좋아하게 되었다.

10년 만에 나는 미래를 꿈꾸기 시작했다.

강사로 활동하기엔 학력과 경력이 부족했던 나는 코로나로 많은 것들이 온라인 세상으로 변화하는 것을 보고 온라인 세상이 궁금하고 컴퓨터를 좀 더 알고 배우고 싶었다. 무작정 사이버대 온라인 커머스학과에 입학했다. 카페에서 친구들과 수다를 떠는 것보다. 노트북을 들고 카페에서 수업을 듣는 것이 나를 웃게 만들었다. 좀 더 욕심이 났다 배우는 것으로 직장을 가지고, 돈을 벌고 싶었다. 그러던 중 내게 인터넷 쇼핑몰 창업과정 수업 강의 접수를 한다는 공고를 보고 '이거다.'라는 생각이 들었다. 면접날 컴퓨터 기능 테스트를 한다는 말에 친구를 불러 일생 처음 엑셀을 배웠다. 누구의 엄마가 아닌 나로 새로 시작하는 내일. 그러나 컴맹인 나는 로그인 하나 하는 게 어려웠고 비밀번호가 매번 틀렸다. 매번 옆 사람에게 물어보아야 했고 나로 인해 수업이 늦어진 적도 많다. 아침부터 저녁 늦은 시간까지 컴퓨터와 씨름을 하며 못 하는 내 자신을 탓하며 집으로 왔다.

간신히 2달간의 수업이 끝나고 나는 인터넷 쇼핑몰 '모우리다' 사장이 되었다. 그러나 내 맘대로 안 되는 컴퓨터에 속상했고, 남들보다 뒤처진 매출에 눈물을 흘리며 퇴근하는 일도 많았다. 그렇게 1년의 세월이 지났다. 지금쯤 해피엔딩이 되어야겠지만 나는 아직도 컴퓨터는 서툴고 자판은 독수리 타법이다. 그러면 어떤가? 매출이 좀 없으면 어떤가? 나는 직장이 생겼고, 꿈을 꾸는 지금이 행복하다. 현실과 이상의 터널에 갇혀 방황하고 핑계를 대는 대신 나는 열심히 일을 한다. 내 마음의 주인으로 산다.

  50에 시작한 쇼핑몰 나는 이제 시작이다.

  어제보다 발전한 오늘을 사는 나, 나는 내가 참 좋다.

  "달님 달님 저는요 꼭 부와 성공이란 것을 하고 싶고 꼭 할 것 같은데요. …오랜 시간 동안 고민하고 열심히 살면서 늘 성공을 갈망하고 욕심을 내고 열심히 할 때 그때는 꼭 도와주세요."

  달을 보며 40년 전 약속을 지키라고 당당하게 말한다.

  일이 내 마음대로 안 된다며 우울해하는 내게 아들은 이렇게 말을 한다.

  "엄마 숨을 크게 쉬세요. 그리고 처음부터 다시 해보세요. 반드시 이루어질 거예요."

  오늘도 크게 숨 한 번 쉬고 한 발짝 앞을 향해 나아간다.

  내 인생은 진행 중.

  나는 성공하는 중입니다.

救 通
미·치·면 통·하·는 마·법

정상과 비정상,
평범함과 이상함의 경계

집에서 막내이자, 언니가 있는 나는, 옷이든 신발이든 늘 물려받아 입고 신었다. 어머니께서 언니와 똑같은 디자인 다른 크기로 만들어 주신 원피스 외에는 어린 시절 새 옷에 대한 기억이 없다. 그랬던 나에게, 새 물건이 생긴 뜻깊은 경험이 있었으니 바로 초등학교 입학! 물려받은 옷이나마 최대한 깔끔하게 차려입고 새 운동화를 신고 학교에 갔다. 그날 학교에서 뭘 배웠는지, 무슨 일이 있었는지는 전혀 기억이 나지 않는다. 새 운동화를 신고 즐거운 마음으로 신나게 학교에 걸어갔던 것과 운동화를 벗어서 옆에 두고 실내화를 갈아신을 때, 새 운동화가 얼마나 새하얗고 예뻐 보였던지, 마음이 다 뿌듯하고 좋았던 기억이 난다. 그런데 학교 수업이 끝나고 현관으로 나와 신발을 갈아신기 위해 신주머니를 열었을 때 가슴이 철렁 내려앉았다. 이게 웬일인가? 신주머니에 들어 있어야 할 운동화가 없다. 실내화로 바꿔 신는 과정에서 운동화를 신주머니에 넣는 것을 깜빡하고 그냥 교실로 들어갔던가 보다. 얼마나 당황하고 낙심했던지 잠깐 동안 내 머리는 백지가 되었다. 선생님한테 도움을 요청할 생각도 못 하고, 갈아 신을 신이 없으니 어쩔 수 없이 실내화를 신고 집에 갔다. 그 후 나는 새 신발 신는 것을 꺼리게 되었다….

1 어떤 일의 어려운 부분은 끝내놓고, 그 일을 마무리 짓지 못해 곤란을 겪은 일이 있습니까?
2 체계가 필요한 일을 해야 할 때, 순서대로 진행하기 어려운 경우가 있습니까?
3 약속이나 해야 할 일을 잊어버려 곤란을 겪은 일이 있습니까?
4 골치 아픈 일은 피하거나 미루는 경우가 있습니까?
5 오래 앉아 있을 때, 손을 만지작거리거나 발을 꼼지락거리는 경우가 있습니까?
6 마치 모터가 달린 것처럼 과도하게 혹은 멈출 수 없이 활동을 하는 경우가 있습니까?

위의 질문은 성인 ADHD를 진단할 때 쉽게 사용할 수 있는 '성인 ADHD 자기보고척도'이다. 위 질문에 '약간 혹은 가끔 그렇다'1~3번나, '자주 그렇다'나 '매우 자주 그렇다'1~6번 라고 체크한 문항이 4개 이상이면 추가적인 검사가 필요하다고 한다. 성인 ADHD를 앓고 있지만 미국 존스홉킨스 의대 교수이자 의사로 일하고 있는 지나영 교수가 출연한 유튜브 영상에서 위와 같은 표가 나왔다. 표를 보고 나를 점검해 보며, 내가 ADHD Attention-Deficit Hyperactivity Disorder, 주의력결핍과잉행동장애인가 하는 의심이 들었다. 주로 어린이에게서 발견이 되기 때문에, 또래 집단에서 좀 산만한 아이가 있으면 흔히 ADHD를 의심하기도 한다. 그런데, 성인들도 꽤 많은 사람들이 ADHD로 고통받고 있다는 사실을 아는가? 아동 ADHD의 경우 어린 시절부터 나타나서 자라면서 완화되는 경우도 있지만 일부 50퍼센트 정도는 증상이 유지된다고 한다.

생각해 보니 어렸을 적 내 무릎은 늘 넘어져서 까진 상처들로 딱지가 앉아 있었다. 방바닥에 놓여 있는 물컵 등을 엎지르기 일쑤였고, 집 안에서도 한 번씩 사고를 쳤던 기억이 있다. 내성적이고 말 없는 아이여서, 친구들과 어울리기보다 집에서 책과 함께 시간을 보냈다. 친구 사귀기가 힘들어서 소풍을 가거나 무슨 활동을 할 때 곤란했던 기억도 있긴 하나, 다행히 성적이 그리 나쁘지는 않았기에, 무난히 지나왔던 것 같다. 어렴풋이 '나는 좀 다른 사람'이라는 느낌을 가지고 있었을 뿐, 특히 내 안에 깊숙이 가지고 있던 욕구를 '말로 표현'하는 것이 정말 어려웠다.

서로의 '반쪽'이자 '파트너'로서 만나 결혼으로 이어지는 만남의 많은 사례에서, 사람들은 자신과 다른—반대성향을 가진—사람에게 매력을 느낀다. 나와 남편 역시 그런 커플이다. 결혼하고 나서 나 자신을 이해하기 힘든 순간들이 일상으로 비집고 나왔다. '나는 왜 이렇게 실수투성이며 모르는 것이 많은 사람'인지. 진짜 희한하게 결혼 전 연애 기간에는 별로 문제 될 만한 상황이 기억나지 않는다. 그러나 막상 결혼 후 생활로 부딪쳤을 때 남편이나 '시월드' 사람들은 나와 '본질적'으로 다른 사람들같이 생각되었다. 그들은 야무지고 손이 재발랐으며, 나는 어설펐다. 결혼 전에는 내가 그렇다는 것을 별로 '인식'하지 못했다. 가족들은 구성원 중 가장 어린 나를 배려하고 받아주었다. 지금 생각해 보면 어린 시절 친구들한테도 배려를 많이 받았는데, 눈치도 없어서 배려받고도 배려받은 줄도 모르고 지나왔던 것 같다.

　결혼과 출산, 거주지 이동 등의 과정을 거치며, 직장과 가정 양립이 힘들었던 나는 직장을 내려놓으며, 그동안 나 자신으로 역량을 발휘하며 인정받을 수 있었던 기회마저 내려놓아야 했나 보다. 집 안일과 육아, 명절 시댁 상차림이나 제사 음식 차림에는 내가 가진 특별함이 별로 필요가 없었다. 어설픈 솜씨로 매일을 집안일과 육아에 매달리면서 '나는 내가 제일 어렵다'는 생각을 하고, 나 자신을 사랑하기도 힘들다고 느꼈다.

　자기인식과 이해를 위해서는, 여러 가지 심리검사의 도움을 받을 수 있다. 그중 대표적인 것이 MBTI일 것이다. 크게 4가지의 기준;

에너지의 방향에 따라 외향형 Extroversion 과 내향형 Introversion, 정보를 수집하고 인식하는 방법에 따라 감각형 Sensing 과 직관형 Intuition, 판단과 결정의 기준에 따라 사고형 Thinking 과 감정형 Feeling, 생활양식의 유형에 따라 판단형 Judging 과 인식형 Perceiving 의 8가지 선호지표에 의해 16가지의 심리유형으로 나뉜다.

인간 성격을 기본적으로 장본능 중심, 가슴감정 중심, 머리사고 중심의 3가지 에너지로 나누는 에니어그램도 있다. 원래 자아관찰의 도구로 개발되었다는 에니어그램 체계는 9가지 성격유형과 이들 9가지 성격유형이 어떻게 상호작용하는지에 따라 각자의 고유한 특성을 보여준다. 보통 만화영화 등의 주인공이 3명이면, 그중의 한 명은 장형의 리더이고, 오른팔과 왼팔의 역할을 머리형과 가슴형이 맡고 있다.

업무 유형에 따라 활동적외향적 인지 수동적내향적 인지 그리고 업무지향-하이테크 타입인지 인간지향-하이터치 타입인지에 따라 주도형 Dominient, 사교형 Influence, 지지형 Support, 혹은 안정형 Steadiness, 신중형 Conscientiousness 으로 나누는 DISC디스크 성격유형검사도 있다.

그 외에도 많은 검사들이 있지만, 심리검사를 통해 내가 얻었던 이득은, 새로운 나 자신의 모습을 발견한 것이라기보다는, 나와 같은 유형의 사람들이 '또 있구나'하는 안도감과, 같은 유형의 사람들끼리 나누는 편안함이었다. 그리고 다른 유형들이 보여주는, 나와 다른 방식의 다양한 문제 해결 방안을 나누며, 비로소 내가 '틀린' 것이 아니라 '다른' 것이라는 사실을 이해할 수 있었다. 그러나 머리로 이해하는 것과 몸으로 실천하는 것은 다른 일이다. 육아의 현장에서, 해야 하는 일—당위—에 늘 미치지 못하는 나 자신을 보며, 말 못 할 자괴감과 슬픔이 문득문득 치밀어올라 도망가 버리고 싶었던 순간이 한두 번이 아니다.

　나는 나의 허점을 잘 알고 있기에 잔소리를 잘 하지 않는 편이다. 되로 주고 말로 받는달까, 내가 잔소리를 시작하면 금방 남편에게 밀린다. 하여, 우리 집에서 잔소리를 주로 하는 사람은 남편이다. 가장 많이 듣는 잔소리는 '왜 내 말을 듣지 않느냐'이다. 내가 남편 말을 듣지 않는 것은 아니다. 나는 아주 어린 아이의 말도 끊지 않고 '열심히' 듣는 사람이다. 그러나 그냥 고개를 끄덕이며 듣는다고 다 듣는 건 아니라는 것, 내가 잘 '듣는'지는 몰라도 '경청'을 한 것은 아니었구나 하는 것을 최근에야 깨달았다. 남편의 말이 내 머리와 마음에 남아서 행동으로 옮겨지지 않는다. 남편의 잔소리는 주로 각종 전자기기 등 물건의 가치와 사용법을 알려주며 이러이러한 점은 조심해야 한다든지, 소비를 할 때 같은 물건이면 좀 더 저렴하거나 카드 결제를 할 때 혜택은 어느 것이 더 나은가 등을 따져서 합리적이고 알뜰하게 사용하라는 등의 잔소리이다. 물건이 망가지고, 엉뚱한 소비를 하는 바람에 손해를 보고 나서야, 왜 남편의 설명을 잘 듣지 않았던가 후회하며 생각했다. 나는 성인 ADHD가 아닐까 하고 ADHD 배우자를 둔 사람들의 가장 큰 고민이, 상대방이 자신의 말을 너무 안 들어 준다는 점이다.

사람들의 취약성

─── 요즘은 '느린 학습자'니 '경계선 지능'이니 하는 용어들이 사용되면서, 전체 인구의 몇 퍼센트를 차지한다는, 유난히 사회나 학교에 적응하기 힘들어하는, 학습 속도가 느린 아이들에 대한 관심과 배려의 노력이 생겨나고 있다. 그런데 가만히 생각해 보면, 그런 아이들이 요즈음 갑자기 생겼을까? '글쎄'이다. 그들―유난히 세상 물정에 어둡고, 귀가 얇아 남의 말 잘 듣고, 잘 속는―은 예전에도 있었다. '경계선 지능'이나 '느린 학습자'가 아니라, '바보' 혹은 어리석고 실수가 많은 사람들로 취급받았을 것이다.

러시아동화 인물들 중 '바보 이반'이라는 이름이 기억에 남는데, 바보 이반은 비록 자신이 똑똑하지는 않지만, 주어진 삶에서 성실한 자세와 지식에 버금가는 '지혜'로 살아가는 모습을 보여줬던 것 같다. 꽤 많은 전래동화들 중에, '바보'라서 사람들에게 인정받지 못하고 천하게 살던 사람이, 위급한 상황에 침착하게-느리고 느긋하게?-오히려 문제를 잘 해결하게 되어 잘 먹고 잘 살게 된다는 이야기가 있다. 그러나 실상은, 느리고 둔하다는 이유로 사람들에게 무시 받고 이용당하기 일쑤이고, 결국 사회 부적응자가 되어 감옥으로 가는 경우도 꽤 많다. 예전에 염전노동자로 고용되어, 바닷가 외딴곳에 고립되어 죽도록 노동을 하며 임금도 제대로 받지 못하고 노예처럼 살던 사람들이 발견되어 물의가 빚어졌던 사건이 있다. 그곳에서 일했던 사람들, 그들 중 경계선 지능인이 있다. 아직도 자신들이 처했던 상황이 무엇이었는지, 어렴풋이는 알고 있으나 정확히 어떤 부당한 행위에 대해 어떠한 대처를 했어야 했는지, 자신들을 이용하지 않으려는 사람들의 도움이 없었다면, 헤어나기도 힘든 사람들이다.

앞에서 언급했던 ADHD도 마찬가지다. 에디슨 초등학교 중퇴자라는 사실은 많은 사람이 알고 있을 것 이나 아인슈타인같이 자신의 가치와 역량을 발휘할 수 있었던 사람도 있지만, 말을 해도 잘 듣지 않는 완고함과 부주의한 주의력으로 일으키는 실수들을 끊임없이 지적받으며, 부정적인 자아개념을 형성했던 많은 사람들이 자신의 분노를 이기지 못해 범죄자 혹은 알콜이나 마약 중독으로 생을 마치기도 했을 것이다.

가족치유심리학에서의 '가족희생양'이라는 개념도 있다. 약자인 아이들에게 엄마가 혹은 아빠가 가정을 위해서 이렇게 고생하고 있으니, 아이들이 고마운 줄 알아주기를 바라고, '알아서 잘' 해주기를 바라고, 먼저 '이해'해 주기를 바라며, 심지어 부모가 못 이루었던 꿈까지 강요해 왔던 건 아닐까…. 어리고 약하고, 다른 선택지가 없고, 나의 스트레스나 힘듦이 '화'라는 형태로 흘러 들어가도 나에게는 절대적으로 안전한, 그 '약자'에게 우리 사회가 전통적으로 대하던 방식이 소위 '갑질'이 아니었을까….

역사를 돌아보며, 힘 있는 사람들이 평범한 사람들을 압제하고 권력을 독식하여 호의호식하며 살았던 많은 사례들이 있다. 사람들에게 현실감 있는 과거를 보여주는 많은 박물관들 중에, 서대문 형무소 역사관이나 제주 4.3 평화기념관, 외국의 경우 홀로코스트 기념관이나 전쟁박물관, 노예박물관도 있다. 발견과 발전, 승리의 역사도 있지만, 더 깊은 어두움의 역사도 끊임없이 같이 흘러왔다. 그렇게 깊은 슬픔을 품고, 사람들의 취약성을 들여다본다.

이 세상에 유일무이한 존재로서, 기가 막힌 우연과 기적으로 탄생한 하나의 생명인 '사람'이, 또한 하루아침에 허무하게 사라질 수도 있는 그런 약하디약한 존재이기도 하다는 것. 천년만년 살 것처럼 아끼고 아껴도, 단 한 순간에 사라져 버릴 수도 있는 것이 삶이 아니던가….

모두가 꽃이다

─── 한 사람의 본질은 바뀔 수 있는 것일까? 자꾸만 '바꾸어야 한다, 바꾸어야 한다'고 강요하는 듯, '이렇게 하면 성공한다', '성공하는 사람들이 매일 한다는 이것' 등등의 영상을 보면서, 그렇지, 이런 점은 내가 나를 바꾸어야 하는 점, 내가 노력해야 하는 지점이야'라고 생각하며, 나를 갈고 닦기에 마음을 써본다. 그런데 한편으로 이런 마음이 불쑥 올라온다. '내가 그렇게 모자란 인간이었나, 왜 나는 나를 가만히 두지 못하고 자꾸 바꾸려고 애써야 하나, 뭐 얼마나 성공하려고?'와 같은 생각들이다.

영어마을에서 '영어 그림책 푸드아트'라는 도서관 프로그램을 기획해서 한동안 진행한 적이 있다. 반응이 폭발적인 것은 아니었지만, 자녀가 '영어공부'에 부담을 가지지 않고 즐거운 추억으로 접근할 수 있게 하고 싶은 양육자들이 꾸준히 있었다. 아이들과 영어 그림책을 즐겁게 읽는 것까지는 괜찮은데, 식재료를 사용해서 독후활동을 하는 일은, 생각보다 많은 난관이 있었다. 그중의 하나는 바로 일회용품 사용이다. 먹거리를 다루는 수업이기에, 위생과 청결을 생각하지 않을 수 없는데, 그나마 조리실에서 수업을 하면, 조리실의 주방용품과 개수대를 사용할 수 있기 때문에, 일회용품은 학생들이 완성한 작품을 담아가는 용기 정도이다. 그러나, 일반 교실에서의 수업은 접시에서부터 나이프, 포크 등 일회용품 사용을 피할 수 없다. 환경 운동에 그다지 적극적인 편은 아니지만, 그렇다고 많은 일회용품을 사용하는 수업이 달갑지는 않다.

학교 환경수업에서 태평양에 떠 있는 플라스틱 섬을 보고 한동안 제대로 식사를 할 수 없었다는 스웨덴 소녀 그레타 툰베리만큼은 아니지만, 킬리만자로의 눈이 예전 같지 않게 많이 녹아서 요즘은 등산하기 쉬워졌다는 이야기나, 내가 지금 사는 지역에서 느껴지는 기후 상황이 해마다 다르다는 것이 나에게는 경각심으로 다가온다. 지금 이대로 가다가는 2030년쯤이 되면 지구는 큰 위기에 봉착하게 될지도 모른다는 환경운동가의 책 제목도 머릿속에서 잊혀지지 않는다. 학생들의 작품을 담아가는 통은 어쩔 수 없다지만, 차마 수업 시간에 사용하는 주방용품-도마, 접시나 포크 등-을 일회용으로 사용할 수 없었고, 그러다 보니, 조리실과 수업하는 교실을 오가며, 설거지하는 수고를 감당해야 했다. 수업은 코로나가 닥쳐오며 접게 되었지만, 마음 한구석 더 이상 일회용품 사용으로 불편한 마음을 느끼지 않아도 된다는 사실에 안도감을 느꼈다. 그 후에도 푸드아트 수업을 한 적은 있지만, 같이 진행하는 선생님과 합의하여 수업의 방향을 좀 더 간소화하였고, 아예 일회용품을 별로 사용하지 않아도 되는 상황에서 온라인으로 진행하였다. 제로 웨이스트를 실천한다는 한 작가의 책에서 일회용기 사용을 줄이기 위해, 스테인리스 용기-일명 '새댁이 찬통'-를 장바구니에 넣어 다닌다는 것을 읽고 무릎을 쳤다. 친환경 활동을 왕성하게 하고 있는 근처 복지관에서는 초등학생 프로그램에서 나눠주는 간식을 담을 용기를 휴대하도록 안내하고 있다. 각종 요리수업에서도 이런 방식으로 일회용품 사용을 줄이는 방법을 고민해야 하지 않을까 싶다.

어찌 됐든, '영어 그림책 푸드아트' 수업을 포함하여, 내가 지나왔던 몇몇 경험들-변변찮고, 별로 성공적이지 못한 경험들이 더 많은 것 같다-을 돌아보며, 나는 정말로 어떤 사람이었나를 짚어본다. 결혼 이후, 육아와 거주지 이동 등으로 '경력단절'이 되며, 몇 가지 시도들을 해보았는데, 나는 일을 빨리 습득하는 사람은 아닌 것 같다. 보통 2배 정도의 노력과 시간이 필요했다. 그러나 그 시간을 지나고 나면, 나만의 강점을 내보일 수 있긴 했다. 그러나 아이의 문제 상황에서 늘 내가 놓치고 가르치지 못한 것만 떠오르면서 자책하기 일쑤였고, 그런 부정적인 감정에 휩싸여, 합리적으로 상황을 바라보고 당시 현실에서 할 수 있는 노력과 해결책을 찾아야겠다는 판단에 이르지 못했다. '슈퍼우먼'에 대한 환상이 납작하게 나를 내리눌러, 거기에 미치지 못한다는 것, 그렇게 될 수 없다는 생각조차 하지 못한 채 자신을 미워했다.

  생각해 보니, 낯선 곳에 혼자라는 느낌, 비슷한 부류의 사람들 혹은 비슷한 차림의 사람들 틈에 다른 차림과 모습의 이방인으로 홀로 있는 느낌, 딱 그런 외로움이 한 몫을 차지했던 것 같다. 원 가족과 친숙하던 공동체에서 떨어져서, 그들과의 교류와 주고받을 수 있는 도움의 손길이 멀어지니, '온 마을이 필요하다'는 육아의 현장에 덩그러니 혼자 있는 것 같았다. 두세 아이가 동시에 엄마를 필요로 하는 상황이라도 벌어지면, 침착함을 유지하기가 쉽지 않았다. 아이들 취학 전, 엄마의 손길이 가장 많이 필요하던 그 시절 그렇게 늘 쫓기며 사느라, 합리적인 '엄마'가 되지 못했다.

"자기 기질 끝까지 한 번 펼쳐봐요!"

  '감성코칭'이라는 이름으로 만난, 우리 모임 중 심리학 전공자 및 현실 상담사의 그 한 마디가 내 머리에 콕 박혔다. MBTI 이야기를 하다가 나온 말이었다. 약한 기질이라고 해서, 나에게 없는 것은 아니니, 자신의 강점 기질을 끝까지 펼쳐보고 나면 약한 기질도 편안하게 꺼내 쓸 수 있게 된다고. 코로나로 인해 많은 일들을 접고 납작 엎드려 있었던 그 시기, 적극적으로 끼어들기 힘들던 온라인 수업의 피곤함으로 아이들도 나도 지쳐 있던 때였다. 도서관을 적극적으로 활용하며, 예전에 만들어 두었던 블로그를 다시 열어서 읽었던 책을 기록하기 시작했다. 블로그 도전과제를 완수하기도 했다. 자꾸 기록하다 보니, 내가 들여다보였다. 이웃이 늘어나면서 다른 사람들은 어떻게 기록하고 있는지도 들여다볼 수 있었다. 기록이 쌓이면서 내면의 힘도 조금씩 자라나는 것 같았다. 내친김에 미통 카페도 개설했다. 아직은 배울 것이 더 많지만, 이제는 블로그나 카페 글 작성이 꽤 능숙해진 것 같다.

그럼에도 불구하고…. 어두운 생각들에 빠져 자주 우울해하는 내 옆에서 깔깔거리며 웃을 수 있는 영상을 보고 있는 사람, 내가 망가뜨린 물건들을 별말 없이 들고 가 뚝딱뚝딱 고쳐주는 남편을 만난 것은 나에게 기적이라고 할 수 있을 거다. 괜히 혼자 너무 진지할 필요는 없는 것, 가끔은 유머와 농담으로 상황을 가볍게 넘길 수도 있어야 하는 거니까. 혼자 방 안에 틀어박혀 어떻게 마음을 추슬러야 할지 몰라 힘들어하는 엄마를 위해 미안하고 고맙다는 조그만 노트를 작성해서, 자신이 학교 방과 후 수업에서 조립한 로봇에 실어 방으로 들여보내던 아이, 어려서부터 개성 넘치는 그림으로 나를 놀라게 하고, 한 번씩 엉뚱하거나 기발한 생각으로 나를 웃게 하는 아이들이 나의 자식인 것은, 그저 감탄하고 축하해야 하는 일이겠지. 그 아이들이 자라 사춘기가 되어 내 속을 아무리 박박 긁어놓는다 해도 말이다.

상당 범위의 자연이 파괴되고 많은 생명체들이 고통을 받고 있는 지구온난화의 현실에서, '지속 가능한' 미래를 위해 고군분투하고 있는 사람들이 있는 것도, 문명의 발달이 가져온 환경오염과 비뚤어진 식생활의 폐해에도 불구하고, 채식과 비건을 선택하며, 종이

컵 대신 텀블러를 사용하고, 적어도 '친환경' 제품을 내세운 기업의 상품을 소비하기 위해 애쓰는 사람들이 있는 것도 마찬가지일 거다. 일주일 주중이 아무리 치열했어도, 주말 역시 온 가족이 부대끼며 함께 보내는 그 시간을 위해 부지런히 움직여야 하는 주부로서의 삶이 힘들다고 하지만, 남편과 아이들이 없는 그럴듯한 자리에서 상당한 성취를 하는 외로운 삶이 더 좋은 것일까 문득 생각해본다. 그러기에, 지금의 별 볼 일 없는 내 삶에서 아름다운 것들을 감탄하며 감사하며 살아야 함을….

산에 피어도 꽃이고 들에 피어도 꽃이고
길가에 피어도 꽃이고
모두 다 꽃이야
아무데나 피어도 생긴 대로 피어도 이름 없이 피어도
모두 다 꽃이야
─류형선, 「모두 다 꽃이야」

牧 ・ 通
미·치·면 통·하·는 마·법

4

박혜영

갑작스런 인생의 파도를 타고 있는 모든 이에게

우리 삶에 가까이 있는
감성지능

외로워도 슬퍼도 울지 않았어야 했던 들장미 소녀 캔디

───── 감성이라고? 감정은 뭐고 감성은 뭐지? 감성지능이란 것은 너무 낯설었다. 나는 친엄마의 부재로 힘들게 살아온 친정엄마의 영향을 받아서인지 사람과 사람 사이에 대화를 통해 감정을 나누는 것이 어렵지 않았다. 엄마의 친엄마 즉, 나의 친 외할머니의 부재로 인해 엄마는 인간관계를 신뢰하지 못하는 성향이 강하셨고, 그런 엄마에게 큰딸인 나란 존재는 엄마의 말동무이자 친구이자 언니이자 동생 같은 존재였다. 그래서 난 다른 이의 감정을 살피고, 그 감정을 읽는 것이 어릴 때부터 남들보다는 발달했다. 이

런 내 어린 시절의 영향이었을까? 내가 초등학생 시절인 80년대 후반 90년대 초 "울면 안 돼♬ 울면 안 돼♪ 산타할아버지가 우는 아이에겐 선물을 안 주신대~♬."란 노래를 들으며 선물 받기 위해서 감정을 드러내지 않았고, "♬외로워도 슬퍼도 나는 안 울어"라고 말하는 캔디처럼 외롭고 슬픈 감정을 드러내면 테리우스처럼 멋진 사람을 못 만날까 봐 어린 마음에 더 씩씩하고 밝게 보이려고 무던히도 애썼다.

힘들어도 힘들다고 말하지 않았고, 슬퍼도 울음을 참으며 내 자신에게 "울면 지는 거"라고 말하며 내 감정을 꾹꾹 누르면서 중·고등학생 시절을 보냈다. 잘했던 그림과 노래도, 학교 공부에 좋지 않은 영향을 주거나 방해가 될까 봐 꾹꾹 눌렀다. 대입을 앞둔 나에게 내가 좋아하는 것, 잘하는 것을 따라 산다는 것은 사치스럽고 거추장스러운 것임을 이미 깨달아버렸기 때문이다. 그렇게 감성적인 나를 억누르고 통제하며 성장했다. 학창 시절에는 나의 성향과 강점을 부정하는 삶이 나도 모르게 강화되어 논리적이고 더욱 실용적인 사람이 되고 싶었다.

고난이 많은 삶 속에서의 감성지능

시련 중에도 자신이 이 세상에서 유일한 존재임을 안다는 것

─── 누구나 한 번쯤은 질풍노도의 시기를 지난다고 한다. 흔히들 그러한 시기는 아동에서 청소년기로 전환할 때 자신의 정체성을 재정립하기 위해 제2차 성장기가 시작되는 때만 있는 것이라고 생각한다. 그러나 나는 질풍노도의 시기는 사춘기 즉, 아동·청소년만 겪는 것이 아니라고 말하고 싶다. 나이가 들수록 아니 세상을 살아갈수록 위의 시기뿐만 아니라 누구나 사회의 역할에 따라 부모이기에, 자식이기에, 사회의 구성원이기에 질풍의 시기를 겪기 때문이다. 똑같은 폭풍과 파도는 없으며, 설령 지금의 파도를 잘 견

디어 냈다고 해도 그다음의 파도를 어떻게 타야 할지 예측하기 어렵다. 희, 로, 애, 락의 미묘한 감정들과 함께 매몰차게 파도치며 밀려온다. 특히 결혼과 육아로 그리고 여러 사회생활로 인간관계가 확장될수록 더욱 그렇다.

 지난날의 많은 인생의 파도 가운데 살아남았고, 아직도 살아내고 있다. 그 파도들에 많이 휩쓸리며 물도 많이 먹고, 모난 성격들도 많이 깎였다. 그러나 아팠다. 그것을 마주할 자신이 없을 땐 도망가고 피했다. 다시 올 파도인 줄 알면서도…. 중·고등학교 때는 파도 탈 일이 별로 없었다. 그저 학생으로서 할 일이라고 여겨지는 공부만 하면 되었다. 가족 앞에 거대한 파도가 몰아쳐도 나 대신 내 부모님은 "'걱정 말라'시며 본인들이 다 알아서 하시겠다."고 하시며 마주하셨다. 그때는 몰랐다. 부모라는 이름 앞에 순간순간 예견치 못한 거대한 폭풍과 파도를 마주한다는 것이 무엇인지. 이제는 부모가 되어 물러설 수 없는 것을 느낄 때마다 내 부모님들 또한 얼마나 높고 거대한 파도 앞에 직면하셨을지. 도망가고 싶을 때마다 파도를 타신 부모님들이 그때 겪었을 감정들이 무엇이었는지. 부모가 된 이제야 깨닫는다.

 부모가 된 나는 그 무거움과 두려움을 나의 부모님께 배운 것을 통해 많이 견뎌낼 수 있었던 것 같다. 특히 죽음 앞에서 대입에 대한 좌절과 그동안의 학창시절이 무의미하다고 느껴질 때, 대학의

참된 의미를 알려주고, 절망적인 상황에서도 그 이상을 보게 영향을 준 나의 중학교 시절 은사님의 영향을 많이 받았다. 파도에 허우적거릴 때 은사님의 추천으로 보게 된 책 『성경』과 빅터 프랭클 Viktor E. Frankl 의 『죽음의 수용소에서』라는 책으로 큰 도움을 받았다. 장래가 촉망되었던 프랭클 박사는 어느 날 오직 '유태인'이라는 이유만으로 유럽의 여러 나라말로 '목욕탕'이라고 표시되어 있지만, 실상은 화장터였던 아우슈비츠수용소로 끌려간다. 그곳에서 그의 부모님과 형제 그리고 아내는 죽임을 당했다. 그러한 극한 상황 속에서 그는 살아남았다. 강제수용소의 죄수라는 신분의 알몸뚱이 존재인 자신을 눈으로 보지만 인간이 더 이상 상실할 것이 없는 상황에 처하였을 때 어떻게 절망을 하지 않고 살아남을 수 아니 살아낼 수 있는가를 계속 생각했다. 그는 그러한 경험과 배움을 속기기호로 수십 장의 휴지에 적어 간직했고, 전쟁이 끝나고 나서 책으로 출판하였다. 그 휴지조각에 적은 글들은 로고테라피 즉, 동기이론이 되었고, 좁게는 심리치료학계에, 넓게는 절망적인 상황에 처한 인간이 포기하지 않고 살아나갈 수 있는 것에 대해 의미를 남겼다.

"인간은 어떠한 환경에도 적응할 수 있으며, 믿음을 상실하면 삶에 대한 의지도 상실한다. 또한 믿음은 자신의 미래에 대한 믿음이며 그것의 상실은 결국 자포자기 상태에 이르게 되어 죽음에 이른다. 또한 살아야 할 이유를 막연함이 아니라 현실

적이고 구체적인 것으로 인식하며, 시련을 당하는 중에도 자신이 이 세상에서 유일한 존재라는 것을 아는 한 그 상황은 이겨낼 수 있다."

—빅터 프랭클, 『죽음의 수용소에서』 중

    어떠한 상황에서도 미래에 대한 믿음과 살아야 할 이유를 구체적으로 인식하면 적응할 수 있다는 그의 글로 힘을 많이 낼 수 있었다. 최소한 나는 독가스실에 갑자기 끌려갈 일은 없음에 스스로 위로하며, 구체적으로 미래를 그려나가려고 의식적으로 노력했다. 그동안의 폭풍과 파도 가운데서 내가 의도했든 의도하지 못했든 그 상황에 매몰되지 않으려고 또한 그 파도가 나를 덮쳐도 속수무책으로 물에 가라앉지 않으려고 의식적으로 무던히도 허우적거렸다.

현재의 나를 구체화시켜준
감성지능

나란 세계와 가족이란 세계, 그리고 이웃의 세계와의 연결=감성

───── 순식간에 성인이 되고 이제는 중년이란 명칭이 낯설지 않은 나이에 알게 된 감성지능! 감성지능은 자녀와 아동·청소년이 아닌 바로 내 자신에 대해 배우는 과정이다. 내가 얼마나 나란 사람에 대해 무지했었고, 나를 알고 있다는 착각에 빠지며 살아왔는지 새롭게 발견하게 되었다. '감성지능Emotional Intelligence'은 뉴햄프셔 대학의 존 메이어 교수와 예일대학의 피터 샐로비 교수가 학술논문에서 처음 사용하였고, 그 단어가 차츰 대중으로부터 관심을 받게 된 것은 1995년 대니얼 골먼Daniel Goleman이 『EQ 감성지능』을

출간하면서부터 시작되었다. 대니얼 골먼은 감성이란 무엇인지에 대해서 아래와 같이 설명한다.

> "나는 감성을 감정에 따른 제각각의 생각과 심리적이고 생물학적인 상태 그리고 행동하려는 광범위한 성향을 가리키는 말로 사용한다. 핵심 감성에는 분노와 슬픔, 두려움, 즐거움, 사랑, 놀람, 혐오, 부끄러움 등이 있으며 이러한 범주화를 기준으로 기본원리들을 찾으면서 중심에 감성을 놓고 바깥 잔물결에는 '기분'이 존재한다. 또한 기분을 넘어서서 일정한 감성이나 기분을 불러일으키는 경향성이라 할 수 있는 '기질'이 존재한다. 그리고 그런 감성적 기질을 넘어서 사람이 좋지 않은 상태 속에 사로잡혔다고 느끼는 정서적인 '질환'이 존재한다."
>
> —대니얼 골먼, 「EQ 감성지능」 중

그는 감성의 지능적 측면 즉 '감성지능'은 첫째, 자신의 감성을 인식하기. 둘째, 자신의 감성을 자기인식에 토대로 하여 다스리는 감성을 관리하기. 셋째, 목표 달성에 필요한 감성에 전제되는 스스로에게 동기를 부여하기. 넷째, 감성적 자기인식의 기초가 되는 또 다른 능력인 타인의 감성인식 감정이입 하기. 다섯째, 타인과의 관계 잘 풀기. 총 5가지로 설명해 놓았다. 그는 감성지능과 능력을 연결하여서 향상시킬 수 있다고 했다. 나는 감성지능은 크게 2개의 영역으로 나눌 수 있다고 본다. 하나는 개인적 영역이고, 다른 하나는 사회적 영역이다. 개인적 영역은 자기인식과 자기관리로 나눌 수 있고, 사회적 영역은 타인의 감성인식과 타인과 관계관리 능력으로 볼 수도 있기 때문이다. 그동안 생각해 왔던 감정과는 다르다. 기존의 감정은 감성지능의 5가지 중에서 두 번째의 '나의 감성을 관리하기'의 영역에 포함된다고 볼 수 있는 것이다. 감성지능은 나뿐만 아니라 나와 관계된 타인과의 관계성과도 관련된다. 학생은 학교에서의 친구 및 선생님들과의 관계성, 즉, 학교생활과 연결이 된다. 또 직장인은 그 직장에서의 동기들뿐만 아니라 상사와 그 회사의 문화에 대한 적응과도 관련된다. 무엇보다 한 남자라는 세계와 여자라는 세계가 하나의 세계에서 살게 되는 '결혼'생활에서도 이러한 감성지능은 필요하고, 그 세계 안에서 탄생 된 새로운 세계인 아이를 양육함에도 감성지능은 중요하다. 이렇듯 감성지능은 우리 삶에 가까이 있다.

난 사회적으로의 감성 영역은 풍랑 속에서 의도하든 하지 않았든 내 나이에 어울리는 성인이 되었지만 내 개인의 감성을 알고, 나의 감성을 관리하는 개인적 영역은 아직도 어린아이임을 발견했다. 감성코칭을 통해 나란 사람의 감성이 무엇이고 그 위치가 어디인지 발견했기에 내 개인적 감성 수준을 알게 된 것이다. 너무 늦게 알았다는 사실에 속상하다. 그러나 지금이라도 나의 감성지능 상태를 인지

하고 강화시킬 수 있는 방법을 알아서 다행이란 생각이 든다. 좀 더 일찍 알았더라면 이렇게 아프지 않았을 것을 생각하면 또 속상하다. 여전히 난 질풍노도의 시기인가보다.

감성지능을 알기 전
나와 메멘토 모리

2번의 죽음을 보고 비로소 알게 된 메멘토 모리

───── 사춘기 때도 겪지 못했던 '삶과 죽음'에 대한 성찰을 한창 바쁠 고3 수능 100일을 앞두고 겪었다. 같은 반 친구의 죽음을 경험하기 전에는 떨어지는 낙엽에도 '까르륵 까르륵' 웃음이 나던 날들이 많았다. 매일 수능을 준비하고 수능 날까지 카운트가 들어가도 친구들과 의지하고 선생님들의 응원에 "대학이란 곳만 가면 이 모든 힘든 것들이 다 의미가 있을 것"이란 희망과 막연한 장밋빛 인생이 내 앞길에 있다는 생각으로.

그러나 19살 같은 반 친구의 교통사고로 인하여 "이렇게 공부하는 것이 무슨 의미가 있지?", "하고 싶은 거 다 참고 대학이란 것 하나만을 보고 달려왔는데 죽으면 무슨 소용이 있지?", 장례식장에서 학생대표로 홀로 남겨졌던 그 시간 동안 나도 모를 엄청난 두려움과 압박감이 깊게 몰려왔다. 죽음이 두려웠고, 무서웠다. 다시 돌아온 교실에도 그 친구의 책상만이 덩그러니 놓인 채 수능일을 체크하며 모든 것이 그 전과 같았다. 그 누구도 그 친구의 일을 입 밖으로 꺼내지 않고 각자 할 일만 하는 모습이 선생님이나 친구들이 너무 소름 끼치도록 차갑고 냉정하게 느껴졌다. 만일 내가 지금 죽는다 해도 세상과 내 주위 사람들이 이럴 것이라는 생각을 하니 더 마음이 혼란스러웠다. 지금 생각해 보면 나뿐만 아니라 선생님이나 친구들도 힘들었기에 기억보다는 망각을, 현실을 마주하기보다는 회피를 택하였던 것인데 그때의 나는 죽음의 공포로 아무것도 보이지 않았다.

  그해 수능은 처참히 실패했다. 고등학교 선생님들이나 부모님들의 실망감에 "왜 이렇게 수능이 엉망이 되었냐는 말"에 난 어떤 대답도 할 수 없었다. 아니 설명할 수 없는 영역이었다. 지금 생각해 보면 그때가 대학입시 전의 죽음과 입시의 실패 앞에서 내 인생의 첫 파도를 만난 것 같다. 나의 스무 살 꽃다운 그 시절에 나는 찬란한 대학 캠퍼스의 꿈을 펼쳐 보이기도 전에 대입 장수생이란 고독한 길을 걷게 되었다. 그 고독 가운데 신앙은 내가 삶에서 죽음을 생각할 만큼 깊은 절망의 늪에 빠져 허우적거릴 때, 스스로 삶을 포기하지 않도록 도와준 고마운 서핑 도구가 되었다.

초등학교 동창의 축구부 선배와 운명적 만남으로 나는 학생으로 남편은 직장인으로 6년을 만나고 2006년 쌍춘년에 결혼을 했다. 다음 해의 황금돼지해에 첫 아이를 낳았다. 새 생명에 대한 신비함과 내가 엄마가 된다는 사실은 무언가 내 인생에서 큰일을 해낸 것 같았지만 아이가 배 속에 있을 때와는 달리 그 생명을 먹이고 입히고 기본적인 의식주를 해결해야만 하는 일은 녹록지 않았다. 탯줄이 떨어지고 아이가 목 가누다가 뒤집기를 하고 기기 시작할 무렵 산후 우울증이 찾아왔다. 아이는 커가는데 "나는 무엇인가…." 결혼과 함께 그만두었던 사법고시를 다시 해야겠단 생각이 들었다. 돌잔치를 끝낸 다음 날 고시 책을 들고 신림동 고시촌으로 들어왔다. 멈췄던 머리를 다시 돌리려면 나의 기존 삶의 패턴을 바꾸어야 했다. 그중 제일 힘들었던 것은 1년 동안 모유 수유를 했던 내 몸이 기억하고 시간에 맞추어 모유가 가득 차서 유축을 했던 시간을 보내는 일이었다. 그때마다 모유가 나오는 것인지, 눈물이 나오는 것인지 모를 정도로 가족에 대한 그리움이 사무쳤다. 모유를 말리는 약을 사기 위해서 신림동에 있는 약국을 다녔다. 신림동에는 밥집만큼 약국도 많은데 그 많은 약국에서 모유를 말리는 약을 찾을 수는 없었다. 병원에 가서 처방전을 받으면 그에 따라 약을 구할 수도 있다는 말을 듣고 약을 처방받기 위해서 신림동의 병원을 찾아다녔다. "모유를 말리는 약을 처방받으러 왔다."는 말에 간호사들은 나를 아래위로 쳐다보았다. 하라는 고시공부는 안 하고 책임질 수 없는 임신을 처리하는 과정 중에 생기는 현상이라고 생각했던 모양이다. 약을 처방받고, 식혜를 같이 먹으면 효과가 좋다고 해서 식혜를 벌컥벌컥 마시며, 눈물도 벌컥벌컥 마셨다. 먹성 좋은 나지만, 아직도 식혜는 별로다. 아니 못 먹겠다.

"자식까지 떼어놓고 공부하러 신림동에 간 모진 애미"란 말까지 듣게 되는 상황에서 반드시 합격해야만 했다. 드디어 2차 시험 카운트에 돌입하고 하루 오전 7시에 시작해서 저녁 10시까지 고시책들과의 싸움이었다.

어느 날 '에엥~, 에엥~' 시끄러운 사이렌 소리가 울렸다. 앰뷸런스의 급한 소리가 고요한 오전에 신림동 고시촌에 울려 퍼졌다. 그러나 모든 감정과 복잡스런 생각은 시험 이후로 미뤄두고 오직 사시 2차에만 집중했기에 일상의 리듬에 잠시 거슬렸을 뿐 불이 나든 누가 다치든 그뿐이었다. 그런데 독서실에 가까워져 갈수록 무언가 모를 두려움과 숨 막힘이 엄습했다. 그 건물 옥상에서 누군가 뛰어내려 죽은 것이었다. 아는 사람이었다.

"도대체 왜! 왜!! 왜!!!" 다리에 힘이 풀렸다. 그 앞의 모든 광경들을 보고, 남겨진 사람들은 어쩌라고 왜! 젊다는 것이 얼마나 큰 재산인데 이미 충분한데 왜! 왜 죽는 거냐고…. 갓난쟁이를 떼어놓고 신림동에 와 있는 나 같은 아줌마도 안 죽는데 왜 그 아까운 생을 왜!!! 그 아까운 생을 버릴 수밖에 없었는지…. 고시원으로 어떻게 돌아갔는지 기억이 나지 않는다. 다만 대입시험 때의 죽음의 공포가 나를 덮쳐 빠져나올 수가 없었다. 내가 삶을 살아감에 활력이 되었던 인생의 목표와 나를 위해 희생을 마다하지 않았던 남편과 아이와 부모님 모든 것을 생각하면 여기서 사법시험을 그만두면 안 되었다. 그러나 쓰나미처럼 밀려오는 파도 앞에서 파도타기의 경험이 있었음에도 그 무엇도 할 수가 없었다. 아니, 이 고통이 없어지기를 바라며 파도 속으로 차라리 쓸려 들어가고 싶었다. 파도를 탈 힘이 없었다. 어느 순간 깊은 파도 속 아래로 빨려 들어가며, 허우적거리는 고시생이 아닌 가여운 박혜영, 내가 보였다.

'메멘토 모리 Memento mori'는 라틴어로 "자신이 언젠가는 죽을 수 있음을 기억하라."라는 의미이다. 이것의 유래는 로마 공화정 시대 때 전쟁에서 승리한 장군은 얼굴을 붉게 칠하고, 4마리의 백마가 이끄는 전차를 이용하여 시내에서 카 퍼레이드를 거행할 때 장군 옆에 노예 한 명이 탑승하여, '메멘토 모리'를 속삭이고, 개선장군에게 수여되는 관에는 그것과 관련된 문구를 적었다고 한다. "'인간이 아무리 대단하여도 언젠가는 죽기 때문에 신이 아닌 인간임을 잊지 말고 겸손하라'는 의미이자 '인간이 아무리 영광스럽더라도 신에게는 도달할 수 없다'"는 에트루리아 특유의 종교적 의미에서 유래되었다고 한다.

Memento mori

그대는 죽어야만 한다는 사실을 명심하라!

Memento te hominem esse

> 그대는 인간이라는 사실을 명심하라!
> Respice post te, hominem te esse memento
> 뒤를 돌아보라, 지금은 여기 있지만 그대 역시 인간에 지나지
> 않는다는 사실을 기억하라!

나에게 '메멘토 모리'는 원래의 의미처럼 성공의 경험이나 화려한 인생 앞에서 겸허함을 의미하는 것이 아니라 그야말로 공포와 두려움 자체였다. 한 걸음 나아가면 떨어져 버릴 것 같은 숨 막히는 천 길 낭떠러지! 아이 엄마가 되어서 경험한 죽음은 나의 또 다른 생명 아이가 생각나서 그런지 더 무서웠다. 걷고, 말을 하고 커가는 아이를 보며 삶에 대한 소망이 생겼다. 그러나 한켠의 죽음에 대한 두려움으로 아이가 기침만 해도 무서웠다. 죽음에 대한 트라우마 때문에.

이 트라우마를 극복할 수 있었던 계기를 생각해 보면 참 인생사 힘들어도 살아볼 가치가 있다는 생각이 든다. 같은 죽음이지만 멘토의 죽음을 통해 그 죽음의 두려움과 공포를 극복할 수 있었다. 둘째를 낳고 100여 일이 채 안 된 어느 날, 꿈을 꾸는데 '푸른 초장에서 해맑게 웃으시면서 뛰어다니시는 병원에 누워계시는 멘토의 얼굴'이 보이는 것이 아닌가!! 뭔가 이상하단 생각으로 깨었는데 목사님이 위급하시다는 문자가 와 있었고, 바로 병원으로 가보았

다. 거기서 뵙던 목사님의 모습은 후대에 그리고 나에 대한 희망을 품고 준비된 죽음이었다. 죽음이 끝이 아니라 새로울 수도 있다는 것! 나의 지난 삼수, 사수 시절 그리고 사법고시 시절, 그동안 수많은 폭풍 속에서도 희망의 메시지를 주셨던 나의 멘토! 나조차도 나를 사랑할 수 없던 그때에 나를 '하늘나라 공주'라 불러주시고, 다른 사람들에게도 그렇게 불러달라시며 인생의 성공이나 실패 상관없이 존재 자체로 귀함을 발견하도록 도우신 분! 이 죽음의 영향으로 나에게 죽음의 이미지도 바뀌었다. 장례식장은 멘토의 지난 50년의 제자양성을 하시며 들며 날며 했던 수많은 사람들이 다시 만나는 장소가 되었다. 그곳은 학생 때의 그들이 중장년이 되어서 다시 만나는 화합의 장이 되었다.

  그 경험은 나에게 죽음에 대한 트라우마를 극복할 수 있도록 했다. 죽음은 살아 있는 순간이 아무리 하찮고 보잘것없이 느껴져도 살아 있음 자체가 귀함을 알게 하기에 두려운 것이 아님을. 그리고 문득 떠올랐다. 멘토가 "한 귀로 듣고 흘려보내지 말라."고 했던 그 말 "전공을 통해 세상을 볼 수 있는 나만의 창을 만들고, 세계로 미래로 나아가는 인생을 살라."는 그 말씀이.

감성지능을 알기 전
나와 카르페 디엠

죽을 힘? 무슨 힘이든 그 힘으로 살 거거든?

───── 2014년 나와 첫째, 둘째의 공부가 시작되었다. 첫째는 초등학교, 둘째는 어린이집 그리고 나는 대학원에 입학하게 된 것이다.

나의 멘토는 나에게 인생에서 남는 것은 사람과 글이라고 가르쳐 주셨다.

남는 사람의 의미는 천명의 역할을 할 수 있는 한 명을 의미했다. 이것은 아놀드 토인비 Arnold Joseph Toynbee 가 지은 『역사의 연구』를 인용하면서 많이 들어왔던 말이었다. "하나님이 시련을 주면 인간은 그에 대한 응답을 통해서 성장하고 발전하며, 문명은 도전에 대한 응전을 통한 산물로서 이루어진다."는 토인비의 책 내용이다. 비록 단 한 명일지라도 창조적 의지를 가지고 여러 도전과 시련들에 응한다면 그것으로 인하여 역사는 이루어지고 사회는 발전한다는 것이다. 그렇기 때문에 "시련에 성장하고 발전하고, 도전에 대해 응하는 창조적 소수가 되라."는 말씀을 늘 하셨다. 그 한 사람이 바로 '나'이고 '너'이고 '우리'라고 하시며.

한 사람뿐만 아니라 글쓰기의 중요성에 대해서도 늘 말씀하셨다. "인간의 역사는 기록되는 것, 그리고 미래의 후손들에 의해 평가가 되는 것이기에 기록은 그 무엇보다도 중요하다."고 하셨다. 멘토가 돌아가시고 창조적 소수가 되고 양성하는 일 그리고 내 전공분야에서 독자적으로 글을 쓸 수 있는 자격을 갖추기 위해 대학원에 입학해야겠다는 생각이 들었다. 교회와 가까운 성균관대 면접을 보고 2014년도 석사과정으로 대학원 생활을 시작하게 되었다.

라틴어 카르페 디엠 Carpe diem 은 여러 의미로 해석될 수 있다. "오늘 최선을 다해 살자"라는 뜻과 "오늘을 즐겨라"라는 뜻이 있다. 그런데 원래 생겨난 유래를 살펴서 보면 호라티우스에 의해 생겨난 말인데 그는 유년기 때 1차 삼두정과 내전을 겪고 갓 청년이 됐을 때 카이사르가 암살되고, 2차 삼두정을 겪으며 공화정 말기에서 제정 초기의 정치적 격변기 시절에 살았다. 그런 시대적 상황에서 자신의 후원자이자 아우구스투스의 부재중 수도 행정대행을 맡은 마이케나스에게 다키아, 메디아, 칸타브리아, 스키티아의 적에 대한 안심을 권고하고 술을 권하면서 "지금 이 시간이 주는 선물을 즐기며 심각한 일들을 덜어내십시오."라는 말이 카르페 디엠 Carpe diem 의 메세지의 연장선이라고 한다.

    요즘에는 비혼이 늘고 있다. 그만큼 세상살이가 쉽지 않기에 그런 선택을 하는 것이 이해가 되기도 하고, 안쓰럽기까지도 하다. "남녀가 만나 결혼을 하고 가정을 이루는 것이 더 이상은 평범하지 않은 시대가 된 것인가?"라는 생각이 들 때 더욱 그렇다. 나에게 가정은 폭풍 가운데 고요한 핵 같은 곳이다. 나 혼자가 아니었기에 지금의 내가 있는 것임을 알기 때문에. 20대 때 처음 만난 오빠이자, 남자친구, 달링이자 아이 아빠인 그 한 남자가 있는 곳. 내 대학 시절 사랑 하나만 보고 여자 친구였던 나의 뒷바라지를 묵묵히 해주었던 한 남자와 20대, 30대, 40대 함께 자라고, 함께 성장하고, 함께 나이 들어 가는 곳. 나에게 가정은 그런 곳이다.

    위기의 때 그 사람의 깊이와 넓이를 안다고 했던가. 유리 인테리어 기술과 남다른 감각으로 남들보다 일찍 기반을 잡은 남편은 30대 초반부터 인테리어 회사에서 스카우트 제의를 많이 받았다. 그런 남편이 자랑스러웠고, 뿌듯했고 마치 나의 허물을 감싸주는 화려한 외투 같은 느낌이었다. 문득 30대 창창한 나이에 도전하는 삶에 대한 로망이었을까? 아님 내가 이루고 싶었던 남들보다 앞서 나가는 인생을 내가 아닌 남편을 통한 대리만족을 느끼고 싶었던 것이었을까? 한 회사의 대표이사로 스카우트 제의가 왔다는 말에 이것저것 따지고 싶지 않았다. 마치 내가 영입되는 것과 같은 느낌, 그토록 내가 원했던 삶을 남편을 통해 이루는 것 같은 느낌이었다. 주저하는 남편에게 "사업하는 것이 위험부담은 크지만 그래도 인생의 한 번쯤은 도전할 만한 것이 되지 않겠냐."라며 설득했다. 드디어 남편은 한 회사의 대표이사가 되었고, 회사에서 나오는 자가용 벤츠에, 맞벌이를 안 해도 되는 월급에, 부족할 것 없는 꿈같은 시간들이었다. 또 다른 파도의 서막이 오른 줄도 모른 채.

약 1년의 시간이 지났을 무렵 회사에서 갑자기 월급이 제대로 안 나오기 시작했다. 급기야 채무에 대한 전화가 남편에게까지 왔다. 무언가 이상하다는 느낌은 있었지만 갑자기 닥쳐오는 파도에 맞서서 어떠한 일이 벌어질지 예상하거나 대비하는 것은 불가능한 일이었다. 아니 이미 매달 나오는 풍족한 월급에 길들여졌었다는 말이 더 정확할지도 모른다. 어느 날 남편은 놀라지 말라며 신신당부하면서 그동안 무슨 연유로 회사가 이러한 일들이 벌어지게 되었고, 지금 회사와 그 회사의 대표이사로 남편이 얼마나 어려운 상황에 처해 있는지 얘기해 주었다. 앞이 깜깜했다. 희망이 산산이 깨졌다. 그것보다 우리 부부를 더 힘들게 했던 것은 '인간에 대한 배신감'이었다.

우리 부부가 젊은 나이로 회사의 대표이사로 결심하기까지는 한 사람의 영향이 있었다. 그 사람은 우리 부부의 롤 모델 같은 사람이었다. 40대의 나이에 서울에 건물이 있고, 인테리어업을 하면서 지역에서 봉사를 하는 사람으로 배울 점이 많은 사람이었다. 우리의 삶과 방향에 그렇게 영향을 주었고 의지했던 그 사람이 회삿돈을 횡령하고, 남편의 명의를 보증으로 자본을 끌어와 결국, 남편은 하루아침에 대표이사에서 몇억 대의 채무자가 되었다. 그 사람의 행방이 묘연해지기 전에 우리 부부 앞에서 미안하다며 이것저것 설명하며 끝까지 방법을 찾겠다고 확언을 했었다. 그때 남편은 말없이 있었고, 나는 답답하고 원망스러운 마음에 "왜 이렇게까지 만드셨냐고! 그렇게 믿었는데 이게 뭐냐고! 건물도 다 파시고 집안이 풍비박산되고, 우리 가정까지도 빚더미에 앉게 되었다!"라고 최대한 이성을 잃지 않고 말하려 했지만 둘째 임신 중이었던 나는 눈물 콧물 감정이 주체가 되지 않았다. 그때까지만 해도 담배를 피우며 침착했던 그 사람이 갑자기 엎드려 "내가 이렇게 될 줄 몰랐다."며 우는 모습은 인생의 롤 모델이 무너지는 좌절, 인간에 대한 배신감과 문득 "죄는 미워해도 인간은 미워하지 말라"는 생각이 들었다. 이 상황에서 누가 누구를 생각하는 건지 도대체 뭐가 뭔지 모를 상황 속에서 폭풍과 비바람은 너무 세차게 불어댔다.

회사의 채무와 여러 가지 복잡한 일들을 풀기 위해 내가 할 수 있는 일은 한계가 있었다. 그러나 망해가는 회사에 있으려고 하는 직원이 도대체 얼마나 될까? 회사에 사람이 필요했다. 내가 들어가 계약 수주, 전화 응대, 사무실 청소 등 직원들이 없는 자리에 모든 역할을 해야만 했다. "무엇이라도 해야만 한다."라는 절박함이 어떠한 환경에 대한 낯섦과 두려움을 떨치게 만들었다. 계약서나 수주와 관련된 문서들, 국세청과 각 채무자들에게 오는 법 문서들은 낯설지 않았다. 그러나 나를 가장 힘들게 한 것은 전화로 들려오는 소리들이었다. 물건대 내놓으라는 거래처 사장님들의 전화, 인건비를 달라는 퇴직한 직원들의 전화, 세금 밀렸다고 계속 높은 이자의 세금을 물리는 세무공무원의 전화 등등 하루 종일 전화를 받고 나면 모든 기력이 빠져나가 너덜너덜해졌다. 돈이 사람을 죄인으로 만든다고 했던가. 한없이 죄인 취급을 받으며 비록 전화상이지만 고개를 조아리며 "죄송합니다. 조금만 기다려 주십시오."라고 하루에도 몇 번이고 반복했다. 그때마다 내 안에 모든 것이 빠져나가는 느낌, 그러나 최소한의 자존심은 지키고자 발버둥 치는 나의 내면은 너무 고통스러웠지만 "내가 이런 감정을 느낄 정도인데 남편은 어떨까"란 생각에 더 씩씩해지려 했고, 더 힘을 내려고 했다. 이런 힘겨움이 전해졌을까…. 어느 날 저녁 갑자기 남편이 나에게 청천벽력과 같은 말을 했다.

"혜영아 미안하다. 오빠가 너까지 이런 진흙탕으로 끌고 왔구나…. 미안하다. 너와 아이들만은 이런 대우를 받아서는 안 되는데…. 미안하다."

눈물이 하염없이 나왔지만 티 내지 않으려 애꿎은 설거지 그릇만

달그락거렸다.

"혜영아…."

"응?"

"우리 이혼하자."

너무 당황스럽고 경황이 없었다. 무슨 말이냐고 차분히 말하고 싶었지만 어느새 나는 울부짖고 있었다. 남편은 남편의 빚을 나와 아이들에게 대물림되게 할 수는 없다며 "너무 미안하다."며 이혼을 하자고 했다.

"뭐야…. 그게 뭐? 같이 살면서 같이 갚으면 되지…. 엉…엉…오빠답지 않게 왜 그래…. 오빠 혼자 잘 먹고 잘 살려고 한 거 아니었잖아…. 같이 잘 살아보려고 한 거잖아. 그럼 같이 책임을 져야지 왜 오빠 혼자만 다 짊어지려고 그래…. 왜!! 왜!!"

남편은 나가려 일어섰고 "놓치면 큰일 난다"는 생각이 내 머릿속에 가득 찼다. 순간 정신을 차려보니 어느샌가 남편 바짓가랑이를 붙들고 있었다. 이대로 놓치면 다시는 이 사람을 못 볼 것 같았다. 내가 평생을 못 잡은 것을 후회할까 봐…. 한참을 잡고 있다가 위를 올려다보니 눈물 훔치는 남편이, 아니 한 남자의 가련함이 보였다. 10년이 넘는 시간 동안 묵묵히 안식처가 되어주었던 그이다. 내가 할 수 있는 일은 그가 가르쳐 주었던 그 안식처가 되어주고 싶었다.

시간이 지난 후에 "그때 나가서 뭐하려고 했냐."고 물으니 남편은 나에게 "너무 힘들어 죽으려고 한강대교에 수없이 가봤지만 도

저히 너와 아이를 생각해서 죽을 수가 없었다. 정리는 하고 가야 할 것 같아서 그 때 그런 말을 했었다."고 했다. 막상 그 말을 들을 때에는 아무렇지 않은 척 남편에게 "고맙다 살아내 주어서."라고 멋있게 말은 내뱉었지만 내 심장은 엄청나게 쿵쾅거렸다. 아무렇지도 않은 척하는 것이 이렇게 힘든 것인지 새삼 느끼면서.

이 글을 쓰면서도 눈이 뿌예진다. 원래 하려던 말은 '카르페 디엠'인데 그러니깐 '죽을 만큼 힘들어도 인생 즐기면서 힘내서 살아내자'는 말을 하고 싶은데…. 벌써 10년이 훨씬 지났는데도 왜 이러지…. 아직도 아픈가 보다. 괜찮지 않나 보다. 이렇게 아팠었는데 잊었다고 생각했는데 지금은 둘이 아니 넷이 잘 살아내고 있다고…. 힘들 때 혼자보다는 둘이 더 헤쳐 나갈 힘이 크게 생긴다고 말하고 싶은데…. 왜 이리 눈앞이 뿌예지는지…. 눈물이 너무 힘들었던 그때의 아픈 기억 때문인지, 그것을 이겨낸 기쁨의 눈물인지 분간이 안 된다. 아무래도 글을 잘못 썼다.

감성코칭으로 만나
미통부모교육연구소를 만들다!

박사 엄마 알고 보니 영유아?

───── '벨르르~, 벨르르~' 감성코칭 강사과정에 합격했단다. 일정이 생각했던 오전이 아니고 오후라서 고민이 되었지만 그래도 해보기로 했다. "해보지 않고 후회하느니 해보고 후회하자"란 생각으로. 서울시 교육청의 학부모 리더교육 감성코칭을 6월부터 9월까지 들으면서 나는 두 가지에 놀랐다. 하나는 내가 법학을 하게 되었던 동기 중에 하나가 논리적이지 못하고 감성적인 나의 성향을 바꾸기 위함이었는데 감성적인 나의 강점을 죽이고 있었다는 것! 늦었다고 생각될 때가 가장 빠르다는 말이 있듯이 "마흔 중반이 되

는 지금 고쳐봤자 소용없지 않을까" 하는 생각도 있었지만 지금이라도 나의 강점들을 강화해야겠다는 간절함이 생겼다. 내 안의 어린아이를 위해. 또 다른 하나는 내가 공부를 하는 엄마이기에 아이들에 대한 이해도나 나에 대한 이해도가 높을 것이라고 생각했다. 그런데 내 자신에 대한 인식도와 마찬가지로 아이들에 대한 인식도, 즉 나의 학부모로서의 수준은 그야말로 영유아기 라는 사실을 발견했다는 것이다.

수업 내용은 다양하고, 유익하고 무엇보다 새로운 경험으로 내 삶의 활력소가 되었다. 특히 감성지능 Emotional Intelligence을 배우면서 내 개인뿐만 아니라 성인부터 아동청소년까지 언제든 파도가 밀려올 수 있는 삶을 살아내는 모든 이들이 알았으면 좋겠다는 생각이 들 정도였다. 개인이 뇌를 통해 느끼는 감성=감정이란 것이 단순히 이성의 반대말에 불과한 것이 아니라는 것과 감성지능은 자신의 감성을 인식하고, 그것을 토대로 감성을 관리 즉, 감정을 다스리는 능력임을 배우게 되었다. 또한 이것은 스스로에게 동기를 부여하기도 하고, 타인의 감성을 인식하여 관계를 잘 풀어나가는 것을 의미한다. 이것을 감성지능이라고 부르는 이유는 '역량'처럼 후천적으로 발달시킬 수 있는 것이기 때문이다. 이러한 감성지능은 나에게는 개인의 감정에 휩싸이는 순간이나, 여러 사회생활의 인간관계 속에서 겪는 상황들에 대한 컨트롤 능력에 도움이 되는 것을 경험하였다. 뿐만 아니라 학부모라면 누구나 경험했고, 경험하고, 경험할 사춘기라는 거대한 파도 앞에서 그것이 아이의 성향과 기질보다도 뇌와 호르몬의 영향임을 뒤늦게 인지하였다. 큰 말썽부리지 않고 커주는 아이들이기에 더 그러한 상황에 무관심했던 것일까? 아님 나름 아이는 큰 말썽을 부린 것인데 내가 인지하지 못하여 아이가 그냥 그 시기를 보낸 것일까? 생각을 하면 할수록 내가 나의 성장, 아이의 성장에 막연한 관심만 있었지 어떻게 성장해야 하고, 실천해야 하는지 너무 미흡했음을 깨닫는다.

개성 넘치고 배려 넘치는
별종들을 만나다

서로의 마음에 미쳐서^牧 통^通할 수 있기를

───── 이상하게 들릴 것 같지만 어쩔 수 없다. 나는 사람을 좋아하지만 낯가림이 무척 심하고, 마음을 쉽게 주질 못한다. 누군가 나에게 모질다고 말한다면 나는 눈물이 날 것 같다. 나는 누구든 무엇이든 마음을 다해서 주는 것을 좋아하고, 한번 그것이 시작되면 뭐가 어떻든지 어떻게 되어가고 있는지도 잊고 나를 뒤로하고 마음을 다한다. 무언가 바라고 그런다기보다는 내 천성인가 싶을 때가 있다. 그러나 그러한 마음을 다함이 종종, 아니 자주 나에게 커다란 돌멩이처럼 날라 왔다. 내가 그 돌멩이를 피할 수 있는

깊은 인격이나 이해심이 많은 사람이라면 상관없을 텐데 그러지 못하다. 그런 나를 보호하기 위해서 낯가림이 시작된 것이다. 그래도 나도 모르게 마음이 가는 것을 막을 수가 없는데 그 마음 중 하나가 미통에 대한 나의 마음이다.

　강사과정 가운데서 만난 여덟 명의 동기들은 정말 개성이 넘치고, 서로 그 개성을 존중한다. 감성 팀의 맏언니로서 컬러를 전문으로 하는 차가운 첫인상과는 달리 가끔 한마디 말들이 너무 웃긴 든든한 민정 쌤, 이미 영어 그림책 관련 책을 낸 작가로 영어를 할 때 눈빛이 멋있어지며 편집의 대왕 니나킴 신애 쌤, 언제나 에너자이저 감성팀의 사기가 떨어지지 않도록 으쌰으쌰 응원단장 우리의 대표 명숙 쌤, 감성팀의 초보강사들을 엄마 새가 먹이를 짓이겨 아기 새들의 입에 넣어주듯이 챙겨주는 감성팀의 마미 용재 쌤, 조용하지만 믿음직스럽고 늘 아가 같은 미소와 큰 목소리로 응원을 팍팍 넣어주는 미소천사 금례 쌤, 때로는 개구쟁이 때로는 교회 오빠처럼 감성팀을 여러 영업으로 챙기는 감성팀 청일점 흉아 상목 쌤, 온라인과 백여 명 앞에서 토론회를 진행할 때 더 빛을 발하는 부드러운 카리스마를 지닌 우리의 퍼실리테이터 현주 쌤, 막내 같은 막내 아닌 막내이자 심리박사 감성팀의 브레인 미라 쌤 각각 정말 개성이 넘친다.

　사회에서 그리고 나이가 들수록 사람들의 사이가 가까워지기가 어렵다고 했던가? 그러한 말이 무색할 정도로 각자 살아온 인생과 전문영역이 다르고, 사는 지역도 다른데 마치 중고등학교 동창들처럼 서로 챙기고 서로 아껴준다는 것이 느껴진다. 처음 감성팀이 학부모들을 대상으로 강의를 할 때 우리 팀의 이름은 "어벤저스"였다. 그 이름이 너무나 잘 어울릴 정도로 모두 개성 넘치지만 다른 사람의 개성도 존중하며 아껴주기에 그 이름이 아깝지 않을 정도였다. 무엇이 이렇게 마음을 뭉치게 할까? 아마도 우리의 공통점 '감성을 소중히 여김'과 '부모'라는 것 때문이리라. 마음은 마음과 통한다는 것을 입증이라도 하듯이 아직은 시작단계로 작고 미미하지만 '미통부모교육연구소'를 같이 만들었다. 각자의 분야에서 더욱 열심히 하는 동기부여자극제이자 우리의 활동무대를 눈으로 보기 위해서다. '어떤 상황이라도 폭풍과 같이 미치겠는 상황들이 온다. 그 상황에서 나 혼자의 세계에 갇혀서 미치지 말고, 우리의 마음이 상대방의 마음, 아이들의 마음에 도달하여서 攷(미) 通(통)하게 하자'라는 간절한 마음들이 모여서 '미통부모교육연구소'가 된 것이다. 장차 감성지능과 교육을 대표하는 연구소가 될 것이다.

救 通
미·치·면 통·하·는 마·법

'감성이란?'

──── 감성은 무엇일까? '감정'이라는 단어도 비슷한데, '감정'과 '감성'은 무엇이 다른 걸까? 감정과 감성은 비슷해 보이지만 다르다. 감정은 나의 마음과 기분을 표현하는 것이고, 감성은 감정을 알아차리는 능력을 말한다.

감정은 정말 다양하다. 감정을 표현하는 단어도 많고 사람마다 표현방식도 다르기 때문이다. 누군가는 감정 표현을 잘하지만, 누군가는 감정 표현을 어려워한다.

감정 표현이 어렵고 힘든 이유는 상대방과 관계가 불편하기 때문일 수도 있고, 내가 감정 표현이 서툴러서 어렵다고 느낄 수도 있다. 감성코칭 강의를 하는 나도 예전에 감정 표현이 어렵고 서툴렀다. 그리고 지금도 쉽지 않다.

어떻게 하면 잘할 수 있을까?

잠시 시간을 가지고 여러분이 평소 감정을 표현할 때 사용하는 단어들을 적어보자. 생각보다 내가 사용하는 감정 단어는 많지 않을 것이다. 다양한 감정의 단어를 사용하는 것은 쉽지 않은 일이다.

감성을 키우기 위해서는 먼저 다양한 언어로 감정을 표현하는 것이 필요하다. 감정의 단어를 익히는 것은 감정을 표현하고 감성을 키우는 첫걸음이다.

제한적인 단어를 확장하면 감정에 대한 나의 태도 역시 달라질 수 있다. 태도가 달라지면 감정을 잘 처리할 수 있고, 감정 처리가 달라지면 마음을 다스릴 수 있다. 평정심을 빨리 찾을 수 있다.

그럼, 그 다양한 감정의 단어를 어떻게 하면 알 수 있을까? 포털 사이트에서 '감정 목록'으로 검색하면 쉽게 찾을 수 있다.

감정의 단어를 익혔다면 이제 나의 감정 안에 숨어 있는 나의 욕구를 찾아보자. 우리는 종종 비슷한 상황에 놓였을 때 사람마다 느끼는 감정이 다른 것을 목격한다. 즉, 같은 상황인데 사람마다 느끼는 감정이 다른 경우를 경험한 적이 있을 것이다. 다른 감정이 나타나는 이유는 무엇일까? 사람마다 중요하게 생각하는 혹은 결핍된 욕구가 서로 다르기 때문이다.

 욕구의 강도에 따라서 감정이 달라지기 때문에 내가 강하게 느끼는 욕구가 무엇인지를 파악하고 있는 것도 중요하다. 내가 강하게 느끼는 욕구가 있다면 그것이 충족되지 않은 상황에서 불만족한 감정을 강하게 나타낼 수도 있기 때문이다. 내 마음이 원하는 것을 볼 수 있는 여유가 생기면 타인의 마음도 들여다볼 수 있는 여유가 생긴다.

 감정 목록을 통해서 감정의 단어를 익혔다면 개인의 욕구 강도를 알아보기 위해서 Glasser의 욕구 강도 프로파일을 활용해 보면 좋다. 생존의 욕구, 사랑과 소속의 욕구, 힘과 성취의 욕구, 자유의 욕구, 즐거움의 욕구를 물어보는 각 10개의 질문으로 구성되어 있다. 검사 결과를 비교해 보면 사람마다 다르다는 것을 비교할 수 있다.

 나는 사랑과 소속의 욕구, 성취 욕구, 생존 욕구가 강한 편이다. 그 부분에 대한 결핍이 있기 때문일 수도 있다. 그래서 이런 욕구들이 만족 되지 않으면 불편한 마음이 더 많이 생긴다. 내가 강하게 느끼는 욕구는 내가 스스로 결핍되어 있다고 느끼는 것일 수도 있다.

 매일매일 우리에게 일어나는 감정은 다양하다. 그런데 그 감정들을 모두 들여다볼 필요는 없다. 그러나 인생에서 크고 작게 나에게 영향을 줄 수 있는 사건들에서 오는 감정들은 나 스스로 깊게 들여다보는 감정 돌봄이 필요하다.

  감정을 잘 다루는 사람은 다양한 감정들을 수용할 수 있게 된다. 그래서 위로가 필요한 순간, 기쁨을 함께 나눠야 하는 순간, 문제를 해결해야 하는 순간에 적당한 마음 돌봄을 할 수 있게 된다.

  나의 마음 돌봄뿐만 아니라 타인의 마음 돌봄도 가능할 수 있게 된다. 감성코칭을 배우면서 나는 나의 마음을 들여다보는 노력을 하고 있다. 그 결과 나는 나에게 친절해지기 시작했다.

당신은 충분히 당신에게 친절한가?
충분히 당신을 응원하고 있는가?
"넌 잘하고 있어!"라고 자신에게 이야기할 수 있는가?

  이런 질문에 난 늘 '나는 그렇지 못하다'라고 대답하였다. 나에게 친절하지 못하다. 내가 원하는 것을 스스로 포기하거나 무시하는 경우가 많았다. 그래서 마음의 상처가 더 많다고 생각했다. 나의 인생에서 상처받았던 나의 마음을 위로받기 위해서 감정을 공부할 기회가 생기면 열심히 공부했다.

  얼마 전에 첫째 아이와 이야기를 나누는데 첫째 아이가 엄마는 엄마가 하고 싶은 일을 잘 해내고 있는 것 같아서 좋아 보인다고 했다. 그렇게 말해주는 첫째 아이에게 고마웠다. 하지만 나는 스스로 그렇게 생각하지 않았고, 늘 모자라고 부족하다고 생각했다. 스스로 타인의 평가보다 더 낮게 나를 평가하고 있다는 생각이 들었다.

최근 여러 가지 기질 검사를 통해서 나를 들여다보고 있다. 나 스스로에 대한 깊은 성찰의 시간을 가지려고 노력한다. 깊게 성찰하게되면서 이제는 나의 감정에 친절해야겠다는 생각이 들었다. 나의 감정을 무시했던 과거의 자신에게 미안했다

나의 감정에 충실했다면 다른 사람의 눈치를 보지 않았을 것이다. 타인과의 관계에서도 당당했을 것이다. 어려서의 경험도 영향이 있었을 것이다. 어릴 때부터 늘 나보다는 타인이 우선이었던 것 같다.

지금 와서 어린 시절을 이야기하면서 투정을 부릴 수도 없다. 만약 그 시절로 돌아가서 투정을 부린다면 나에게 사과를 하거나 나의 감정을 돌봐줄 사람들도 없다.

그래서 상처받았던 나의 어린 시절을 성인이 된 내가 돌봐주기로 했다. 그때 힘들었던 나에게 어른이 된 내가 친절하게 안아주기로 했다. 괜찮다고 미안하다고 어린 시절의 상처받은 나에게 말이다.

감성코칭을 통해서 나는 나를 돌봐주고 있다. 이것이 감성코칭의 힘이다. 감성코칭을 통해서 타인의 감정을 돌봐주기 전에 나를 돌봐주는 힘을 키울 수 있다.

오늘도 '나를 돌봐주는 나'를 칭찬한다. 나를 돌봐주는 연습을 통해 나뿐만 아니라 타인의 마음을 거짓이 아닌 진심으로 공감해주고 이해할 수 있게 되었다.

감성을 공부하면서 나는 감정을 좋은 감정과 나쁜 감정이 있는 것이 아니고 내가 만족했느냐 만족하지 않았느냐로 바라볼 수 있게 되었다. 즉, 화나고 슬픈 감정들이 나쁜 것이 아니라는 것이다. 힘든 마음, 슬픈 마음, 당황스러움, 부끄러움 등은 부정의 감정이 아니라 그 순간 나에게 필요한 것이 만족이 되었느냐 아니냐가 중요하다는 것을 알게 되었다.

감정 표현도 학습된다. 주변에서 보면 작은 일이지만 강한 단어로 표현하고 불만을 이야기하는 사람들을 볼 수 있다. 강한 감정이 아니었지만 표현 방법을 잘 알지 못하기 때문일 것이다.
불만족스러운 마음을 비속어로 던지거나 욕을 하는 경우도 많이 볼 수 있다. 청소년들의 경우는 더욱 그렇다. 그런데 이 역시 나의 감정을 잘 들여다보지 못하기 때문에 순간의 감정들을 욕설로 뱉어 버리는 것이다. 이들의 감정이 어떤 것인지 관심을 가지고 표현 방법을 수정할 수 있게 도와줘야 한다. 그렇지 않으면 나의 감정에는 관심이 없고 그래서 그 감정 안에 있는 원하는 것을 찾아내지 못하고 넘어가게 되는 것이다.

그래서! 감성코칭이 필요하다.

그래서! 감성코칭을 해줄 수 있는 사람들이 필요하다.

그래서! 감정을 깊게 살펴보고, 감정 안에서 원하는 것을 들여다 볼 수 있는 연습이 필요하다.

지금 여러분의 마음은 어떤가요?

나의 감정이 쌓이면 풀리지 않은 감정들이 마음에 남아 있으면 마음의 가시가 되고 만다. 마음의 가시를 바로 빼지 않으면 깊게 들어가고 상처를 남긴다.

그리고 시간이 지나면 마음이 왜 아픈지, 마음에 남아 있는 가시를 어떻게 빼야 하는지 알 수 없게 된다.

지금 마음에 남아 있는 상처가 있다면 더 깊은 상처가 되기 전에 마음을 돌봐주고 보듬어 주는 시간이 필요할 때이다.

돌봄이 필요한 상처

#1
―――― 중학교 졸업 후 다른 친구들은 근처 학교로 배정이 되었고 나는 혼자서 다른 고등학교에 배정이 되었다. 고등학교 입학하는 날 아는 친구가 없어서 뻘쭘하게 혼자서 앉아 있었다. 지금도 인간관계에서 그렇게 적극적인 편이 아니라 일단 조용히 있다가 말문을 트는 편이다. 조용히 앉아 있다가 앞뒤 친구들과 그냥 인사를 나누었던 거 같다. 혹시 얼굴이라도 아는 친구가 있을까 주변을 살피고 있는데 초등학교 시절 친했던 친구가 눈에 띄었다.

그래도 친했던 친구가 한 반이 되었다는 것을 알게 되니 안심이 되었다. 그 친구와는 초등학교 때 집에도 자주 놀러 갔었던 나름 친했던 친구였다. 다른 중학교로 배정받게 되면서 자연스럽게 멀어지게 되었는데 고등학교 때 같은 반이 되면서 초등학교 시절 이야기도 나누면서 같이 어울려 다녔다.

 초등학교를 졸업하고 사춘기 시절 다시 만나게 된 친구가 어색하기는 했다. 딱히 친했던 친구가 없었던 나는 그 친구와 어울리게 되었다. 그때까지만 하더라도 그냥 딱히 좋았던 것도 나쁜 것도 없었던 것 같다.

 그런데 어느 날 그 친구가 편지를 주었다. 인생에서 영화의 한 장면처럼 기억에 남는 장면들이 몇 장면 있는데 그 친구가 편지를 건네는 순간도 기억에 남는 장면 중 하나이다. 나 혼자서 편지를 읽던 기억은 아직도 또렷하다. 고등학교 화장실에서 편지를 건넨 친구는 나에게 집에 가서 읽어보라고 했다. 무슨 내용인지 궁금했던 나는 화장실로 들어가서 편지를 읽었다.

 좋은 내용은 아니었다. 초등학교 시절에는 과묵하고 좋은 친구였던 거 같았는데 고등학교에 와서 다시 만나고 보니 내가 많이 변했다는 것이었다. 그 친구가 나에게 편지를 쓴 이유는 다시 예전처럼 묵묵하게 있는 친구였으면 좋겠다는 내용이었던 것으로 기억이 난다. 그리고 좀 더 착해졌으면 한다는 내용이었다.

 그 친구가 기억하는 어릴 적 내 모습은 어땠을지 지금도 가끔은 궁금하다. 그 친구가 왜 그런 편지를 썼는지 기억은 나지 않는다. 맏언니 같았는데 그렇지 못한 것 같다는 내용이 있었던 것이 기억난다. 아마 그때 내가 참지 못하는 일이 있었고 그 때문에 그 친구가 편지를 쓴 것 같다. 자세한 내용은 기억이 나지 않지만, 나에게 이기적으로 변했다는 것은 기억에 남는다. 내가 감정 표현이 서툰 부분이 있었는지도 나의 행동이 잘못된 행동이 있었을 수도 있겠다는 생각이 든다. 하지만 그 편지가 한동안 나를 힘들게 했던 것은 사실이다.

그리고 그때 내가 어떤 모습인지 기억 못 하지만 그 친구의 눈에는 못된 아이였던 거 같았을까 아니면 내가 우습게 보였을까 하는 생각이 든다. 아니면 만만하게 보였을까? 그랬을 수도 있다. 지금은 많이 고치려고 노력을 하지만 나는 다른 사람에게 너무 나를 낮추는 경향이 있고 부정적인 감정은 잘 표현하지 못할 때도 있다. 그리고 다른 사람이 나의 거절로 상처를 받을까 걱정하기도 한다. 감성코칭을 통해서 감정 돌봄을 많이 하고 있지만 완벽하게 다른 나로 변화하기는 어려워 이런 문제들로 자신과 늘 싸우고 있다.

한참 사춘기였던 그때 나에게는 충격이었다. 그 일 이후로 불편한 마음 때문이었는지 그 친구와는 자연스럽게 멀어졌던 거 같다.

지금도 부정적인 감정을 표현하는 일이 많지는 않은데 그때 그런 경험이 영향도 있을 것이다. '역시 나는 그냥 화를 내고 짜증 내면 안 되는 사람이구나, 사람들은 내가 웃을 때만 좋아하는 것 같다'는 생각이 들었다. 어린 시절이라 그 친구의 편지에 위축되고 더욱 소심해졌던 거 같다.

그때 그 시절 나에게, 성인이 된 나는 이렇게 이야기해 주고 싶다.

"괜찮아! 너도 화낼 수 있어. 너의 모든 감정들. 표현하는 모든 감정은 소중한 거야."

그때 내 감정은 지금까지도 내 마음에 남아 있고 풀고 싶은 무거운 마음이다. 그러나 쉽게 풀리지 않는다. 인간관계에서 불편함이 생기면 그때 그 기억이 바로 떠오른다. 그때마다 난 그 시절 나에게도 지금의 나에게도

"괜찮다."

라는 말을 한다. 그리고 안아준다.

"너는 슬퍼할 수 있고 너는 화낼 수 있어. 항상 웃지 않아도 돼. 그냥 있는 그대로의 너의 마음을 표현하면 돼."

얼마 전에 동창 모임에서 나와 친했던 친구를 만났다. 난 자주 어울렸었다는 기억만 있을 뿐인데 그 친구는 나와의 추억을 상세하게 기억하고 있었다.

어른이 되어서 만난 그 친구도 나에게 이런 말을 했다.

"어려서 너 엄청 착했잖아."

그 친구가 나에게 변했다는 말을 한 것 아니고 그냥 그때 좋은 친구였다고 하는데 변했다고 이야기할까 마음이 무거웠다. 그때까지 고등학교 시절 상처가 치료되지 않은 거였다. 그 친구가 나에게 자주 연락하고 했는데 혹시 일어나지도 않은 일에 주저하면서 그 친구와 좋은 친구로 다시 만날 기회를 놓치게 되었다. 아직도 그 시절 나에게는 돌봄이 필요하다는 생각이 들었다. 얼마나 시간이 지나야 하는지는 모르겠지만 난 아직도 꾸준히 그때 나에게 이야기한다.

"괜찮아~."

#2

고3 때 친구가 갑자기 세상을 떠나게 되었다. 아무런 준비가 없이 그냥 친구가 떠나버렸다. 그때 나는 정말 힘들고 괴로웠다. 친구를 잃은 고3에게 위로의 말을 건네는 이는 드물었다. 지금은 그럴 시간이 없다고 했다. 지금은 슬퍼할 시간이 없다. 그냥 공부만 해라, 공부하면 잊혀진다고 했다. 공감과 위로를 건네는 사람은 거의 없었다. 깊은 위로가 필요했는데 "울지마라"라는 말이 위로를 대신했다.
친구가 내 곁을 떠난 슬픔과 함께 주변 사람들의 반응은 더 큰 돌덩이가 되어 마음에 가라앉았다. 그래서 지금도 그 상처가 늘 쓰리고 아프다. 당시 친구를 잃은 고3 아이에게는 깊은 위로가 필요했다. 깊은 위로가 필요한 순간 사람들은 내게 참으라고만 했다.

내 인생에서 중요한 이가 갑자기 떠난다는 슬픔은 입시를 앞둔 나에게 허락된 것은 아니었다. 사람들은 나에게 슬픔은 지나가는 것뿐이라고 이야기했다. 그리고 어린 나는 그냥 슬픔을 누르고 인생의 가장 큰 일 중 하나라는 입시로 덮였다. 내가 잊은 것도 아니었다. 타인이 잊으라고 강요한 것이다. 그런데 그렇게 덮지 말았어야 한다는 것을 나중에 알게 되었다.

대학을 입학했으나 대학 1학년 생활을 그냥 의미 없이 지나갔다. 대학입학 후에 종종 찾아오는 슬픔을 함께 나눌 사람이 없었다. 주변에 나와 같은 슬픔을 가진 사람들은 없었다. 지금처럼 트라우마에 대한 치료가 많이 있던 시절도 아니니 추워지는 어느 날 친구 생각이 문득 나는 날이면 내 마음은 너무 힘들었다. 나의 지난 시절의 힘들었던 마음을 함께 돌봐줄 사람은 없었다. 갑작스런 사고로 늘 곁에 있던 사람을 잃은 슬픔은 그 무엇으로도 표현할 수 없다. 지금까지도 나 혼자 기억하고 나 혼자 그때의 마음을 다독이며 흔적을 지워가고 있다.
"마음을 기댈 사람이 단 한 명이라도 있으면, 스스로 세상을 등지지 않는다."
그 말은 틀린 말이 아니다. 그리고 주변 사람들에게 옆 사람의 힘든 마음을 잘 보살펴 주라는 말이다. 하지만 지키고 싶었지만, 지킬 수 있었지만 그렇지 못한 사람들에게 그런 말들은 죄책감을 얹어주는 말이 된다. 최소한 나에게는 그랬다.

갑자기 사랑하는 사람을 떠나보낸 사람들의 슬픔을 그냥 함께 나누어 주면 좋겠다. 지금도 자살 사건이나 사건·사고로 사망한 사람들의 뉴스를 보면 한동안 먹먹하게 앉아 있다.

주변 사람들의 마음을 잘 알아주고 살펴야 한다는 의미라는 것은 알고 있지만, 마음이 찢어지는 아픔을 경험한 사람들에게 그 말은 마음에 큰 돌덩이를 얹어주는 것이다. 그래서 그 말이 헤어나올 수 없는 깊은 바다로 빠지게 한다.

그때의 나를 보듬어 줄 수 있는 말이 무엇이 있을까? 그냥 마음속 상처가 되어버렸다. 아물지 않는다. 그냥 그 시절 나의 슬픔을 공감해 주는 것 이외에 해줄 것이 없다.

갑자기 떠난 친구 때문에 슬퍼하는 어린 시절 나에게 어떤 말을 해주면 좋을까?

"그냥 슬퍼해도 돼~."

#3

어린 시절 집에서 늘 듣던 말이 있다.
"여자가 아침에 울면 재수 없다."

"아침부터 짜증 내면 어른들 일이 안 풀린다."

그런데 내가 아침에 짜증을 낸 날은 왜 그런지 몰라도 안 좋은 일이 자주 생겼다. A이면 B인 명제인 듯 아침에 짜증을 내고 나온 날은 안 좋은 일이 생겼다. 지금 생각해 보면 인과관계가 전혀 없는 일인데 인과관계가 있는 일처럼 되어버렸다.

얼마 전에 지인과 통화하면서 컵을 깬 적이 있었다.
"오늘 조심해야겠네."라는 말에
"컵을 깬 거랑 좋지 않은 일이 일어나는 거랑은 아무 상관 없지 않아요? 강사님이 그렇게 생각을 하니 인과관계가 성립되는 거죠. 조심하지 않으면 언제든 일어날 수 있는 일인데 너무 그렇게 생각하지 말아요."라는 말을 했다. 생각해 보니 정말 그랬다.

그날 컵이 깨진 것 말고는 아무 일도 일어나지 않았다.
그리고 그 뒤로 나는 이런 일들에 좀 더 자유로워질 수 있었다. 지인의 말에 그동안 나를 누르고 있었던 그 미신 같은 것들이 깨지기 시작한 것이다.

내가 가지고 있는 당위적인 미신 같은 생각을 깰 수 있도록 이야기해 준 지인이 고맙다. 자유로울 수 없었던 어린 시절의 기억 하나를 깨는 좋은 기회가 되었다.

어려서부터 '화내지 말아라, 슬퍼하지 말아라, 울지마'라는 말이 어쩌면 타인에게 받은 나의 가장 큰 상처일 수도 있다. 그래서 다른 사람들의 눈치를 보고 위축이 되었던 거 같다. 그래서 타인하고의 관계도 불편했을 수 있다.

그리고 그런 어린 시절의 나는 그때는 알지 못했지만, 마음의 상처를 입게 되었고 지금도 그 상처는 마음속에 남아 있다. 가끔 어린 시절 상처 입은 나에게 어른이 된 내가 위로의 말을 건네본다..

"힘들지?"
"그냥 슬퍼해도 돼."
"그냥 너는 너야, 잘하고 있어."

듣고 싶었던 위로와 사랑의 말을 통해 어린 시절의 상처를 극복하고 성장할 수 있을 것이다.

행복하게 공존하는
감성 나눔

───── 얼마 전 심리학자의 유튜브를 우연히 보게 되었다. 내가 봤던 유튜브의 주제는 '세대 간 소통'이었다. 세대 소통에 관심 있어 보기 시작했는데, 그 내용은 그동안 내가 책에서 봤던 것과는 다른 내용이었다.

세대 간의 소통을 잘하는 방법은 '다름의 이해', '배려', 이런 것이라고 한다. 그런데 세대 간 소통을 잘하기 위해서 피해야 할 말이

"신세대답지 않게 * * 해."
"기성세대답지 않게 * * 해."라는 말이라고 했다.

그런 칭찬을 들은 상대방은 행동할 때 고민을 하게 된다는 것이다. 강의를 들으면서 고등학교 때 친구에게 편지를 받았던 내가 생각났다.

'맞아, 나도 그것 때문에 힘들었어'

이런 말들은 행동뿐만 아니라 감정을 표현하는 것도 제한하는 말인 것 같다는 생각이 들었다. 우리는 타인에게 쉽게 조언하고 충고하고 칭찬하기도 하는데 그것이 타인에게 도움이 되는 경우는 드물다고 한다.

칭찬처럼 보이지만 칭찬이 아닌 말도 있다.

두 딸을 키우면서 첫째 아이에게는 "언니니까~."라는 말을 안 하려고 노력했다. 형제자매 서열에서 당연히 해야 하는 일보다는 자매가 사이좋게 지내기 위해서는 서로의 노력이 필요하니까 말이다. 언니라서 하고 싶은 말을 하지 못하거나 참아야 하는 일은 없다. 언니와 동생 모두 노력 해야 한다.

둘째 아이는 그냥 '둘째답다!'라는 생각으로 둘째를 바라봤던 적이 있었다. 얼마 전에 작은 아이가 문제를 풀다가 갑자기 방으로 들어와서 넋두리를 늘어놓는다.

"내가 예전에 스케이트 배우러 다닐 때 갈 때마다 진짜 배가 아팠는데 엄마랑 선생님이랑 다 안 믿어주고 내가 얼마나 속상했는지 알아?"

스케이트 강습을 7년 동안 다녔다. 스케이트가 익숙해질 법했는데 다닐 때마다 배가 아프다고 하니 선생님이랑 그냥 지나가는 말로 했었는데 그게 많이 속상했던 모양이다.
처음엔 진짜 배가 아팠을 것이다. 아이는 배가 아파서 못 타겠다고 했는데 나는 그래도 참고 타라고 했을 것이다. 참고하라는 말이 속상했고, 강습 갈 때마다 더 배가 아팠던 거 같다.
갑자기 와서 따져 묻는 아이 말에서 속상함이 묻어났다. 그래서 아이에게 사과했다. 미안했다고 그때 속상했냐고 물었다.

둘째는 꼭 안아주는 걸 좋아하는데 그럴 때마다 꼭 안아주고 있다.

"늘 타던 건데 갈 때마다 배가 아프다고 하니까 엄마는 꾀병이라고 생각을 했던 거 같아. 미안해."

그리고 한동안 아이의 등을 토닥토닥했다..
며칠 동안 아이는 같은 말을 계속했다. 그리고 어느 날은 아이가 갑자기 눈물을 주르륵 흘린다. 진짜 많이 속상했던 모양이다. 그래서 그냥 미안하다고 말하고 꼭 안아주었다.

갑자기 아이가 왜 그때 생각을 하고 속상하다고 했는지 나도 모른다. 그렇다고 왜 그러냐고 아이한테 물어볼 생각은 없다.

그때 아이는 속상했던 마음을 위로받고 싶었는데 위로받을 수 없었던 모양이다. 생각해 보니 누구에게 위로받을 수 있었겠는가. 꾀병이라고 하는 엄마한테 위로받지도 못하고 당시에 사춘기로 된 까칠해진 언니가 위로해 주는 것은 기대할 수 없었을 것이다.

그래서 아이는 오늘 갑자기 속상했던 마음을 털어놓은 거 같다. 인생에서 나중은 없다. 그것을 너무나 잘 알기에 나는 오늘 아이를 꼭 안아주었다.

한참 내 품에 안겨 있던 아이는 혼자만의 시간을 가진 뒤 자기 방으로 돌아갔다. 몇 년 전에 있었던 일을 갑자기 꺼낸 것은 이유가 다 있을 것이다. 이유를 묻고 싶지만, 그냥 미안하다고 했다.

아이에게 이제라도 사과할 필요가 있을까 생각했지만, 아이에게는 마음 돌봄이 필요한 순간이니 난 계속 아이에게 미안하다고 진짜 배가 아팠는지 몰랐다고 같은 사과를 반복했다.

나의 사과에 아이는 마음이 풀렸을까?

아이의 마음이 잘 풀렸으면 좋겠다. 그래서 둘째 아이의 마음에 스케이트를 탔던 일이 즐거운 일로 남았으면 좋겠다.

  그 뒤로 아이는 이전만큼은 자주는 아니지만, 가끔 이야기한다. 그럴 때면 여전히 나는 미안하다고 사과한다.
  둘째 아이의 행동과 말을 '~답다.'라고 규정짓고 생각한 것 같다. 그래서 아이의 마음을 더 못 읽어 준 것 같은 생각이 든다.
  나의 노력으로 둘째 아이가 그때 돌봄 받지 못했던 마음이 치유되었으면 좋겠다. 지금 나에게 그때 자신의 감정을 다시 이야기하는 것은 분명 치유의 과정이라고 생각한다. 그리고 이 과정을 통해서 '~답다.'에 갇히지 않고 자기 표현과 마음 돌봄을 잘할 수 있는 사람으로 성장할 수 있으면 좋겠다.

  감성코칭에서 중요한 것은 나의 감정을 잘 알고 표현하는 것이다. 다른 사람들의 감정을 잘 읽어내기 위해서 나의 마음을 먼저 잘 표현할 줄 알아야 한다. 감성코칭은 나와 관계를 맺는 사람들과 함께 행복하기 위해서 필요하다.

  이전의 나는 '장녀답다.'라는 말에 갇혀 있었다. 그래서 책임감 있어야 하고 착하게 행동해야 한다고 생각했다. 그런 생각들 때문에 타인과의 관계에서 타인의 감정이 우선되었다. 엄밀히 말하면 타인의 감정이 우선 순위가 되는 것이 아니라 타인의 눈치를 봤던 거 같다.

내가 이렇게 행동하면 다른 사람이 나를 싫어하지 않을까에 대한 고민도 많이 했던 거 같다. 그러나 앞으로 나는 그렇게 하지 않을 것이다. 나에게 집중하려고 노력하고 다른 사람의 마음을 있는 그대로 공감하려고 노력한다.

그래서 '~답다.'라는 말은 타인을 규정짓고 타인의 감정을 읽거나 공감하려고 할 때 걸림돌이 된다. 우리에게는 편견 없이 타인의 행동을 바라고 감정을 수용하려는 태도가 필요하다.

그렇게 되면 우린 충분히 타인을 공감할 수 있다. 나의 감정에도 이유가 있고 타인의 감정에도 이유가 있다. 공감하면 이유를 찾을 수 있고 이유를 찾게 되면 관계를 회복할 수 있다. 만일 문제가 있었다면 문제도 해결할 수 있다. 이런 과정이 모두 감성코칭이라고 생각한다.

감성코칭은 늘 어렵고 힘들다. 하지만 공감만으로 감성코칭의 절반이 되었다고 생각하면 어렵지 않을 것이다. 오늘부터 나의 감정을 돌봐주고 타인의 감정을 돌아보자.

감성코칭은 행복하게 공존하기 위한 감성 나눔이다.

救　　　通
미·치·면 통·하·는 마·법

'10시 4분'의 감성(感性)

─── 내가 고3일 때, IMF로 아빠 사업이 부도가 났다. 우리 가족은 아주 작은 월셋집으로 옮겼고, 쌀을 살 돈도 없었다. 친척들의 도움으로 겨우 생활할 수 있던 그때, 난 공부에 집중할 수도, 친구와 이런 이야기를 나눌 수도 없었고, 그저 혼자 끙끙거리기만 했다. 그러던 어느 날, 숨이 쉬어지지 않았다. 학교로 구급차가 왔고, 응급실로 실려 갔다. 피검사부터 시작해서 CT며, MRI까지 모든 검사를 해도 이상 없다고 했고 며칠 후 퇴원했다. 그때만 해도 정신과 진료나 상담을 받는 것이 요즘처럼 수월하지 않았고, 어렵게만 느껴졌다.

어쩌면, 18세의 나에게는 심리상담이 필요했다. 또는 부모님이

나 선생님의 위로와 격려가 필요했다. 아니면 친구들과의 수다가 필요했을지도 모르겠다. 그러나 그때 친구들은 수험생이라 내 고민을 나누기엔 부담스러웠고, 상담복지센터는 알려지지도 활성화되지도 않았다. 지금 생각해보면 무척 안타까운 일이다. 어린 나는 심리적으로 매우 힘들었지만, 그 어떤 도움도 받지 못하고 혼자서 괴로워하다 '공황발작'을 일으킨 것이다.

고통스러운 시간은 아무 일도 없던 것처럼, 내 가슴 속에 깊이 묻고, 시간은 흘렀다. 어느덧 22살의 난 친구의 소개로 한 남자를 만났다. 직장을 다니던 친구가 직장동료의 친구를 소개해 주었기에 그는 31살이었다. 회사를 마치면 그는, 내가 다니는 학교에 매일 같이 나를 데리러 왔다. 나중에 들은 얘기로는 집으로 돌아가는 중에 졸다가 사고 날 뻔한 적이 여러 번 있었다고 했다. 그는 주말에 만나면 될 것을, 평일에도 내가 보고 싶다며 퇴근하고 왔다. 이게 무슨 손발이 오그라드는 멘트인가 하겠지만, 그 당시에 그는 나에게 **'하루만 더 보면 좋겠다'**라고 말했다. 회사에서 회식이 있는 날에도 택시를 타고 밤 11시 50분에 우리 집 앞에 와서 나를 보고 갔다. 그렇게 시작한 우리는 300일을 매일 만났다.

언젠가부터 그의 별명은 '기사'가 되었다. 나를 지키는 knight^{기사}이자, 모범운전사 driver^{기사}인 그와 차 안에서 참 많은 이야기를 나누었다. 300일이라는 시간 동안 우리는 어릴 적 이야기부터 힘들

없던 이야기, 앞으로의 삶 등 참으로 다양한 이야기들을 둘만의 공간인 차 안에서 편안하게 할 수 있었다. 아무 일도 없던 것처럼 가슴에 꾹꾹 눌러 담은 일들까지 상담하듯 얘기했다. 내 이야기를 실컷 하고 그에게 공감받고, 격려받으니 힘이 났다. 자신감이 넘치기 시작했고, 뭐든지 하고 싶어졌다. 아마도 이때 그는 나에게 상담자 역할을 해준 거 같다. 나에게 정말 필요했던 상담을 상담자가 아닌 그가 해준 거였는데, 실제 상담이 아니었기에 우리 관계는 엉망이 되기도 했다. 나는 어리고 철이 없던 나를 잘 보살피지 못하고, 그에게 의존했고, 그와 결혼하기 전부터 어려움을 겪기도 했다. 이 이야기는 나중에 하기로 하고, 우선 우리의 감성이 시작된 이야기를 해보려 한다.

어느 날 집으로 돌아가는 길에 그는 나에게 이렇게 말했다. "넌 나의…." 이어지는 말이 없어서 그를 쳐다봤다. 그러자 손가락으로 차 안에 디지털 시계를 가리켰다. '10:04' 깜빡거리는 시계를 쳐다보면서 나는 "10시 4분인데?"라고 말하고는 바로 빵 터졌다. "아~ 천사라고! 하하하." 내가 껄껄 웃자 그도 멋쩍게 웃었다. 아마도 나는 그때부터 그를 사랑하기 시작한 것 같다.

이후, 나는 10시 4분이면 그때 그 차 안, 그와 내가 웃던 그 순간, 깜빡이던 시계, 앞차의 후미등에서 비추던 빨간 불빛, 그의 미소가 떠오른다. 그리고 사랑에 빠진 두 사람이 서로에 대해 알아가던 그 시절이 떠오른다. 나는 이런 시간과 공간을 아우르는 기억과 감정들이 공유되는 것이 '**감성**'이라고 생각한다. 지금 우리가 '7080 감성'이나 '밀레니엄 감성'이라고 부르는 것처럼 이것은 나의 풋풋한 연애 시절 감성이다. 어떤 누군가에게는 이해를 넘어서 공감이 되는 감성일 테지만, 다른 누군가에게는 이해조차 되지 않는 감성일 것이다.

우리의 기억은 유한有限하지만, 기억 속의 우리는 무한無限하다. 모든 것을 기억할 수는 없지만, 기억하는 한 그 기억은 얼마든지 조작操作이 가능하다. 우리 인간은 어떤 일에 나름의 의미를 부여附與하고, 현재를 위해 과거의 기억을 재구조화하거나 재경험하는 탁월한 능력이 있다. 이것은 '양날의 검'처럼 우리에게 적용된다. 현재 나의 상태가 어떤가에 따라서 과거가 왜곡될 수 있는 것이다. 예를 들면, 지금의 내 남편인 그와의 관계가 괜찮을 때는 이 감성이 좋다가도, 부부 사이가 안 좋을 때는 생각조차 하기 싫어지는 것처럼 말이다.

우리 뇌는 감정과 함께 기억할 때 더 오래 기억하도록 만들어졌다. 이는 생존과 관련이 있는데, 위협적인 상황에서 우리가 느끼는 '불안'과 '공포'는 우리의 생존율을 높인다. 그 감정들은 즉시 위협적인 상황을 피하도록 우리를 이끈다. 그리하여 이러한 감정이 활성화되면 우리는 무의식적으로 행동투쟁, 도피, 얼어붙음하게 된다. 반대의 경우도 마찬가지다. 행복이나 기쁨을 강하게 느낄 때도 그러한 상태를 유지하고자 한다. 이것이 과도하게 활성화된 것이 중독이다.

뇌의 메커니즘을 설명한 이유는 우리가 감성이라는 것을 이해할 때, 감정만 있는 것이 아니라는 것을 이해했으면 해서이다. <u>감성코칭이라는 것은 결국, 인지 및 정서적으로 전체 맥락을 통찰하는 능력, 시간과 공간을 넘어 자신과 타인 그리고 상황을 수용하는 능력을 촉진하는 것이다.</u> 이것은 상담 과정과 유사하다. 삶은 끊임없이 스트레스를 경험하게 하고, 해결하도록 요구한다. 문제 상황에 직면할 때마다 상담받을 수 없기에 우리는 스스로 돌보는 법을 배워야 한다. 난 상담, 교육 등을 통해 이 방법을 배우게 되었고, 감성코칭은 그중에 하나이다.

좋은 엄마가 되고 싶어서 시작한 공부는 어느새 나를 나와 같은 고민을 하는 부모들의 상담자가 될 수 있게 만들어 주었다. 하지만 배움은 늘 부족하다. 이에 좀 더 깊이 배우고자 현재 상담전공 박사과정에 재학 중이다. 상담자로서 성장하기 위해 가장 중요한 것은 **상담자의 자기이해**이다. 상담역량은 상담자의 인격을 넘어서기 어렵다는 말이 있다. 그만큼 상담에서 상담자는 매우 중요한 도구로 활용된다. 분석을 통해 나는 여전히 나 자신을 이해하고자 애쓰고 있다. 그 과정에서 내가 가장 좋아하게 된 상담이론은 대상관계이론_{생애초기 양육자와의 경험이 일생을 통해 반복되는 패턴을 가지는데, 현재의 관계가 과거의 경험에 영향을 받는다는 이론}이다. 이 이론에서는 **통합**_{분열되지 않고, 대상항상성}

을 유지하는 힘이 매우 중요한 요소인데, 그것이야말로 실제 삶을 살아내며 배우는 것이라고 느껴진다.

앞서 말한 '1004의 감성'이 늘 그대로 유지되는 것이 아니었다. 현재 상태가 과거를 왜곡할 수 있기에 그와 싸우거나 관계가 좋지 못할 때는 그 기억들이 온통 거짓처럼 느껴지고, 지옥 같았다. 이것은 대상관계이론에서는 **'분열'**이라 부르고, 이는 마치 흑백논리처럼 전체를 '좋다' 또는 '나쁘다'로 인식하는 것이다. 이러한 패턴은 어린 시절 부모와의 관계에서 비롯된다. 내가 부모와 맺은 이 패턴은 삶에서 반복적으로 경험된다.

고등학교 시절, 그렇게 힘들었어도 혼자 끙끙거리던 나는 연애를 할 때도 그랬다. 그렇게 될 때면 나는 전부 나쁘게 인식했다. 이를 'all bad' 상태라고 한다. 그동안 좋았던 기억들은 모두 잊은 채, 나와 너는 너무 나쁘고 관계는 너무 힘들고, 밝은 미래 따위도 없다고 느꼈다. 그러다가 사이가 좋아지면 다시 'all good' 상태가 된다. 나와 너는 너무 좋고, 관계는 너무 행복하며 밝은 미래가 기다릴 거라고 여겼다. 이런 패턴은 관계를 불안정하게 만든다. 나의 주관적인 세계에서 'good'과 'bad'를 부분적으로나마 통합하기까지 매우 긴 시간이 필요했는데, 여전히 지금도 그 과정 중에 있다. 아니, 어쩌면 죽을 때까지 분열과 통합을 반복할지도 모른다. 그러나 중요한 건 이러한 '반복'의 빈도와 강도가 점차 조절되고 있다는 것이다.

2000년 3월 16일, 세기말에 만나 지금까지 23년째 나에게 **'자기대상**나의 욕구에 반응하면서 그 역할과 기능을 수행해주는 대상'이 되어주고 있는 나의 남편. 우리는 서로의 좋고, 나쁜 부분을 치열하게 나누고 있다. 치열하다고 표현한 것은 그 과정이 편하지만은 않기 때문이다. 부부는 무의식적으로 본인의 결핍을 배우자를 통해 채우고자 한다. 그래서인지 싸울 때는 어른이 아니라 상처받은 어린아이로 서로를 대할 때가 많았다. 그러나 여러 번의 시행착오를 통해 예전과 달라진 건 남편에 대한 인식 능력과 수용 능력이다. 실망스럽더라도 전부 나쁘게 보지 않는 것. 대상관계이론에서는 이를 **'대상항상성'**대상에 일정한 이미지를 유지하는 것이라고 한다. 나는 앞으로도 대상항상성 유지를 위해 감성코칭을 통해 나 자신에 대해 더 많이 통찰하고 수용하며 스스로 돌보고자 한다.

인생은 우리 자신을 성장시킬 여러 번의 기회를 주는 것 같다. 비록 우리가 유능하거나 돈이 많거나 따뜻한 부모를 만나지 못했을지라도 살면서 원하는 경험을 할 수 있는 기회는 있다. 신이 인간에게 참으로 일관적으로 선택과 책임을 주듯이 인간은 참 일관적으로 그 선택에 대해 고민한다. 이게 맞을까? 이게 틀리면 어떡하지? 나 역시 남편과 고비를 겪을 때마다 온 힘을 다해서 고민하고 힘들어했다.

부모와 맺은 관계 패턴이 삶에서 반복적으로 경험될 때, 좌절하지 않는 것은 매우 어렵다. 오히려 재경험 될 때, 아주 압도적인 정서경험을 하기 때문에 존재 자체가 흔들리는 경험을 하게 된다. 그럼에도 우리가 삶을 살아내야 할 이유는 충분하다. 그 경험이 우리를 성장시킬 것이고, 그 어떤 시련도 견디기만 하면 우리는 그만큼 더 강해질 것이기 때문이다.

> "나를 죽이지 못하는 것은 나를 더 강하게 만든다."
> —니체, 「우상의 황혼」, '잠언과 화살' 8절

과거의 나는 힘들 때마다 죽고 싶었고 어떻게 그것을 감당해야 하는지 몰랐다. 아주 느리고 답답했지만, 방법을 찾기 위해 고군분투했고, 찾아가고 있다. 지금 나는 그 시절의 고비를 잘 견뎌준 과거의 '나'들에게 감사하다. 그때의 내가 죽지 않고 버텨주었기에 지금의 내가 감성코칭이든 상담이든 뭐라도 할 수 있으니 말이다.

지금 너무나 고통스러워서 하루하루 버티기 힘들고, 어려운 사람들도 이 시간을 잘 견디면 좀 더 나은 삶이 있을 수 있다는 것을 알게 되길 간절히 빈다. 여기서 제일 중요한 것은 **'잘 견디는 것'**이다. 혼자 해결하기 힘들면 도움을 요청하고 해결하려고 노력하자. 무엇이 힘들고, 무엇이 필요한지 스스로 알아차리는 것이 '자기돌봄'의 시작이다. 나에겐 스스로 돌보는 힘, 그것이 바로 '감성코칭'인 거 같다.

변화가 일어나기까지
(감성코칭 시행착오)

───── 감성코칭이 무엇일까? 앞서 말한 것처럼, 나는 '자신 및 타인의 생각과 감정을 인식하고, 수용하는 능력을 촉진하는 것'이라고 정의하고 싶다. 감성코칭을 부모에게 받으면 참 좋겠지만, 우리의 부모들은 그들의 부모로부터 정서적 학대 또는 방임, 더 심하게는 신체적 폭력 등을 받기 일쑤였다. 그도 그럴 것이 1950년 전후로 태어난 우리의 부모 세대는 전쟁 중에 태어났을 수 있고, 피난을 경험하기도 했다. 어찌 됐든 매우 궁핍하고 어려운 생활을 했다. 굶어 죽거나 병에 걸려 죽은 형제자매가 있었고, 제일 시급한 문제는 먹고사는 것이었다. 이것은 트라우마다. 사회적으로도 개인 내적으로도 심각한 '자기self: 발달과정을 통해 응집되는 성격의 핵심 구조' 손

상을 줄 수 있는 사건들이다.

트라우마란 생존과 관련이 있다. 죽을 뻔한 사건을 겪으면 누구나 불안하다. 불안한 것은 유쾌하지 않다. 우리는 불쾌한 이 감정을 가라앉히기 위해 흔히 '회피'를 하며 '중독'으로 가기도 하는데 알코올 중독, 도박 중독, 섹스 중독, 쇼핑 중독, 일 중독 등 다양하게 나타난다.

불안은 세대 전수된다. 조부모의 불안은 부모에게, 부모의 불안은 나에게 전해지고 나의 불안은 나의 자녀들에게 전해졌다.

큰애가 9살 때, 갑자기 가슴이 아프다고 했다. 먹은 것이 체했는지, 어디 부딪쳤는지 물었다. 병원에 가서 보니 다친 것도 아니고 체한 것도 아니었다. 바로 '신체화 증상'. 신체화 증상이란 내과적으로 아무 이상이 없는데 증상을 반복적으로 호소하는 것이며, 이러한 신체 질환이 심리적 요인이나 갈등에 의해 나타나는 것이다. 진찰을 마친 의사는 심리검사를 해보자고 했다.

병원에서 풀 배터리 Full Battery Assessments 검사를 실시했다. 풀 배터리 검사는 아동, 청소년, 성인의 현재 마음 상태를 알아보기 위한 전체적인 심리검사를 말한다. 여기에는 웩슬러 지능검사, 다면적 인성검사, 문장완성검사, 그림검사, 벤더 게슈탈트검사, 다면적

인격검사, 투사검사, 동적가족화검사 등이 포함된다. 이는 다각적인 측면에서 현재 상황을 파악하여 문제를 살펴보거나 잠재적인 위험 요인을 살피는 데 도움이 된다.

결과는 매우 충격적이었다. 너무나도 사랑하는 내 아이가 바로 나 때문에 힘들어한다는 사실을 깨달았기 때문이다. 문장완성검사에서 반복되는 것은 '70점 이상'. 아이에게 나는 시험 점수가 70점 아래가 되면 마치 인생이 끝나는 것처럼 말했나 보다. 나는 아이가 강박적으로 대답한 것을 보고는 눈물이 났다. 난 왜 그랬을까.

나에게는 꿈이 있었다. 행복하게 살고 싶은 꿈. 그러나 그때 당시 엄마로서 나의 삶은 그리 행복하지 않았고, 열심히 공부하지 않았던 나의 고3 시절이 너무 원망스럽고 한스러웠다. '내가 공부만 잘했더라면 적어도 이렇게 살지는 않았을 텐데'라는 생각이 계속 들었다. 그리고 그 마음은 가장 사랑하는 대상, 나의 첫째에게 향했다. 보통 첫째들은 부모의 '자기 확장판'이 된다.

너는 나처럼 살지 않기를! 자녀에게 기대하고 바라면서, 좋은 책을 몇백만 원어치 사주고, 운동도 잘하라고 태권도 시키고, 피아노는 배워서 스트레스 풀어보라고 시키고, 영어도 잘하라고 과외시키고, 수학도 잘하길 바라며 학습지를 풀도록 했다. 그래서 아이는 열심히 했고, 학교에서 시험을 보고 만점을 받으며 나를 기쁘게 해줬다. 가끔 80점이라도 받으면 엄하게 혼을 냈고, 기가 죽은 아이는 미안해했다. 공부를 소홀히 하거나 학원을 열심히 다니는 것 같지 않으면 나는 비싼 학원비가 아까웠다. 본전 생각이 나면 더 호되게 아이를 잡았다. 더 열심히 하라고, 돈 값어치를 하라고, 다그치고 또 다그쳤다.

어쩌면 지금도 어떤 엄마들은 예전의 나처럼 행동할지도 모른다. 다 너를 위해서, 너 잘되라고 이러는 거라며 학원을 보내고, 과외시키고, 학습지를 시킨다. 각자 나름의 이유가 있지만, 문제는 아이의 자발성이다. 나는 아이에게 그것들을 원하는지 제대로 물어보지 않았다. 모두 내 결정이었고, 내 욕구였다. <u>사실은 내가 그렇게 열심히 공부하고 싶었던 거였는데!</u> 이것은 잘하고 싶은 내 마음을 아이에게 투사한 것이다.

착한 첫째 아이는 엄마를 너무 사랑했기에 엄마를 기쁘게 해주고자 열심히 애써주다가 가슴이 아프다고 했다. 자기 욕구는 억누른 채 엄마의 욕구를 받아들인 아이, 작은 아이 가슴에 엄마의 큰 욕심을 쑤셔 넣고는 그것이 아이를 위한 거라고 우겼던 것이 후회되고 미안했다.

2015년, 큰애가 아픈 것은 내가 변화해야 하는 용기를 내도록 만들었다. 그때부터 나의 '자기이해 여정'이 시작되었다. 처음에는 무료 상담 현재 가족센터와 같은 무료상담을 찾아갔다. 주민센터나 도서관에서 진행하는 부모교육과 집단상담에 참여하기 시작하면서 조금씩 느리게 나에 대한 이해가 쌓여가고 괜찮아지는 것 같았다. 그러다가도 다시 제자리로 돌아오는 느낌이 들 때면 더 큰 좌절감을 느끼고 엄청난 자기 비난을 해댔다. 두렵고, 무서운 생각이 들 때면 정말 죽어야 끝이 날 것 같았다. 내가 무엇보다도 걱정했던 것은, 나로 인해 아이들이 상처받거나, 내가 아이들에게 해를 입히는 것이었다. 내가 이 두려움에서 벗어나기 위해서는 나와 나의 부모와의 관계를 이해하는 것이 필요했다.

나는 여전히 나와 나를 둘러싼 다양한 관계를 이해하고 수용하고자 노력하는 중이며 개인상담, 집단상담, 사이코드라마 등을 통해 현재에도 자기이해를 위한 많은 노력을 하고 있다. 최근에는 인간 의식을 넘어선 '그로프 브레스워크 Grof Breathwork'를 체험하고 있다.

첫째 아이는 내가 예민하게 빨리 알아차려서 놀이치료 3개월 만에 매우 호전되었다. 아이와 재애착을 맺었고, 나 역시 많이 좋아졌다. 그러다 둘째 아이가 9살 때, 담임선생님과의 상담에서 상담이 필요해 보인다며 지금 도와줘야 한다는 이야기를 들었다. 그때 참 힘들었다. 내가 그토록 노력하는데, 내가 이렇게 열심히 애쓰는데, 도대체 왜! 얼마나 화가 나고 속이 상한지, 집에 돌아와 한참 동안 울었다. 엄마로서 효능감이 바닥을 쳤다. '난 정말 못났구나. 난 정말 형편없구나. 난 정말 쓸모없는 사람이구나….'

그런데 참 신기한 게, 그렇게 힘들었는데도 다음 날 바로 둘째 아이를 데리고 놀이치료 센터를 찾아갔다. 이유는 단 하나! 내가 사랑하는 아이가 행복하기를 바라니까. 비록 내가 불행할지라도 내 아이는 행복하게 해주고 싶으니까. 그때 난 이 마음뿐이었다. 그러나 엄마가 행복하지 않으면 아이는 행복할 수 없다. 그 사실을 늦게 깨달았을 뿐, 나는 나쁜 엄마가 아니었다. 나는 형편없는 엄마가, 쓸모없는 엄마가 아니었다. 다만 좋은 엄마가 되는 법을 몰랐고, 배울 필요가 있었던 것이다.

첫째 아이도 9살에 가슴이 아프다고 해서 놀이치료를 받았고, 둘째 아이도 9살에 상담이 필요하다고 해서 놀이치료를 받았다. 정신분석학에 따르면 무의식은 해결이 필요한 시기를 재연한다고 한다. 신기하게도 내가 개인상담을 통해 알게 된 사실이 있는데, 내가 엄마와의 애착에서 끊어짐을 느낀 사건이 바로 9살이었다. 바로 이런 발견들이 자기분석이나 자기이해를 더 매력적으로 느끼게 하고, 상담심리학에 빠져들게 만든다. 현재를 통한 과거의 재발견, 정말 의미 있고 재밌다.

내가 9살 때, 같은 반에 아주 짓궂은 남자아이가 하교하고 있는 나에게 다가와 갑자기 내가 입고 있던 티셔츠에 송충이? 한 줌을 넣고 도망갔다. 그 당시에 같이 집에 가던 친구도 깜짝 놀라 어떡하냐고 발을 동동 굴렀고, 나는 너무 겁이 나고 무서워서 집에 가는 내내 울면서 갔다. 집에 도착하자마자 친구가 엄마에게 자초지종을 설명하니, 엄마가 윗옷을 벗기려고 다가왔다. 그러나 나는 티셔츠를 들어 올릴 때 그 벌레들이 팬티 안으로 들어갈까 봐 무서워서 더 크게 울었다. 더 크게 우는 딸을 보고 엄마도 당황했는지 화를 냈다. '뭐가 무서워! 가만히 있어!' 한 시간 동안 공포에 떨며 집에 왔을 딸의 마음은 조금도 몰라준 채, 엄마는 당장 말을 듣지 않는 딸에게 화를 낸 것이다. 지금 생각하면, 그때 엄마는 빨리 해결해 주고 싶었을 것이다. 딸이 말하는 벌레를 지금 당장 옷에서 다 빼내고, 울음을 그치게 하고 싶었을 것이다. 그런데…. 옷 속에 있던 것은 송충이가 아니라 능수버들이었다.

그 당시 초등학교 앞에 버드나무들이 엄청 많았는데, 그중에서도 능수버들이라고 하는 솜털이 많은 꽃과 노란 가지를 가진 나무들이 가로수로 많이 있었다. 길가에 송충이처럼 모여 있는 이 버들을 한

줌 주워서 나의 옷에 넣은 거라니…. 지금 생각해도 당황스럽고 화가 난다. 아무리 장난이라고 해도 '벌레다!'라고 소리를 지르며 여자 친구 옷 안에 이걸 넣을 생각을 하다니! 초등학교 5학년에 다시 만났는데, 그때 얼마나 잘 대해 주던지….

문제는…. 송충이가 아니라는 것을 알고 난 엄마의 태도였다. 별 것도 아닌데 호들갑을 떨고, 너무 많이 운 내가 된 것이다. '계집애가 유난스럽다, 왜 그렇게 난리를 치냐, 그만 울어라, 이게 뭐라고 그러냐….' 그러나 나는 너무 억울하고 속상해서 쉽게 울음을 그칠 수가 없었다. 학교에서 우리 집까지 걸어서 한 시간이 걸리는데, 나는 그 시간 내내 너무 무서웠고, 두려웠고, 공포스러웠다. 집에 와서 엄마에게 위로받고 싶었는데…. 엄마는 내 마음도 몰라주고, 유난 떠는 딸을 만들었다. 여기서 끝이 아니다.

내가 울음을 그치지 않자, 엄마는 그 녀석의 아버지가 하시는 세탁소로 향했다. 아마 그 녀석에게 앞으로 우리 딸 괴롭히지 말라고 한마디 해주고 나를 달래주고 싶었을 것이다. 그런데…. 그 아버지가 이야기를 다 듣더니, 껄껄 웃으며 "○○이가 미라를 좋아하나 봐요~." 이러는 것이다. 그때 나는 우리 엄마가 그 아저씨에게 화를 내길 바랐다. 아무리 그래도 그렇지, 이런 짓을 하면 어떻게 하냐고! 교육 잘 시키라고…. 하지만, 우리 엄마는 같이 웃으며 "○○이가 널 좋아해서 장난친 건가 봐."라고 말하며 내가 느낀 감정을 무시해 버렸다. 그리곤 앞으로 조심해 달라는 말을 남기고 집으로 갔다. 문제라고 느낀 상황을 해결하는 과정에서 어린 내가 느꼈던 감정들은 그대로 꾹꾹 눌러 담아야 했다. 왜냐하면 속으로 외치던 말들을 밖으로 내뱉는 순간, 나는 또 혼날지도 모르니까 말이다.

애착 트라우마는 아주 작고 사소한 일로도 일어날 수 있다. 또한 이는 세대에 걸쳐 전수되기도 한다. 즉, 내가 원하지 않았더라도 나의 부모가 나를 대하는 방식으로 자녀를 똑같이 대할 수 있다. 그렇기에 부모로서 우리는 나의 상처에 직면하고, 자녀에게 상처를 대물림하지 말아야 한다. 물론 엄마는 나를 위해 최선을 다하셨고, 지금도 그렇다. 다만 우리가 다시 봐야 할 것은 어린 시절에 나도 모르게 내 몸과 마음에 남은 상처가 지금 우리에게 어떤 영향을 미치고 있는지, 과연 이것은 남아 있는 내 삶에 무슨 의미를 부여하고 있는지, 이를 통해 나는 지금까지와는 다른 어떤 노력을 해볼 수 있는지 생각해보는 것이다.

현재 나는 아이들에게 화를 낼 때는 명확하게 이유를 설명한다. 예전에는 화를 내면 죄책감에 시달렸지만, 지금은 설령 욱했더라도 내가 왜 욱했는지를 안다. 그렇기에 아이에게 사과할 수 있다. 엄마가 욱한 이유가 너 때문이 아니라고 설명해 줄 수 있고, 미안했다고 말할 수 있는 것이다. 감정 표현이 어려운 사람들은 자신이 감정을 표현하면 조절하기 어려울 것이라고 느끼기 때문이다. 실제로 조절하지 못한 경험이 많기에 자기를 믿기 힘들다. 많은 시행착오를 겪어야 비로소 내가 조절할 수 있다는 것을 배울지도 모른다. 하지만 어른이 하는 이러한 노력은 아이들에게 훌륭한 모델링이 된다. 그러니 포기하지 말고 계속해서 노력하자.

 아이가 둘 이상이라면 느끼겠지만, 같은 자식인데도 정말 다르다. 다양한 요인이 있겠지만, 어떻게 이렇게 다를 수가 있을까. 진짜 궁금해진다. 우리 집에서는 첫째가 순한 기질, 둘째가 까다로운 기질인 것 같다. 4년 전에 초3이던 둘째가 초6인 첫째에게 이런 질문을 했었다. "사춘기가 뭐야?" 그러자 첫째가 "엄마, 아빠 말이 듣기 싫어지는 거야."라고 대답했다. 그랬더니 둘째가 이렇게 말했다. "그럼 나 사춘기네." 이때 둘째가 말하는 게 얼마나 웃겼는지 모른다. 그런데 진짜 그때부터 둘째는 지금까지 쭈-욱 사춘기인 것 같다.

 관계는 소통과 조율이 중요하다. 그리고 무엇보다도 내가 어떻게 느끼는지 아는 것 자기이해와 메타인지이 중요하다. 우리가 상대와 어떻게 소통하고 있는지, 그리고 어떻게 조율하는지 아는 것은 관계의 질을 좌우한다. 이런 대화의 과정을 안다는 것은 오해하지 않고 소통할 수 있도록 해주니까 말이다.

Less pain, More gain!
(우리 가족의 감성코칭)

───── "No pain, no gain"이라는 말이 있다. 직역하면 "고통 없이 얻는 것은 없다."지만, 한편으로는 고진감래 苦盡甘來 와 유사한 의미로 고생 끝에 즐거움이 온다고 볼 수 있다. 나 또한 엄청난 노-오-력 끝에 자기이해의 과정을 경험해서 그런지 충분히 이 말에 담긴 의미가 가치 있다고 느낀다. 하지만 난 소통에서 고통은 줄이고, 행복을 더 많이 얻고자 나와 우리 가족에게 감성코칭을 제안했다. 즉, "Less pain, More gain!"을 목표로 서로 존중하고 배려하면서 감성코칭 방식으로 의사소통하려고 애쓰고 있다. 자신을 안다는 것은 매우 어렵고 힘든 일이다. 그런 일을 직업으로 삼은 나는 늘 알아차리기 위해 애쓴다. 나만 애쓰는 것과 가족이 함께 노

력하는 것에는 매우 큰 차이가 있다. 왜냐하면 관계는 상호작용이니까.

남편과 감성코칭 방식으로 의사소통을 하는 것은 그리 어렵지 않았다. 그동안 읊은 풍월이 하도 많아서 '무의식'을 이해하고 '방어기제'를 설명할 정도로 남편은 나와 함께 성장했다. 첫째와도 힘들지 않았다. 순한 기질이며 오히려 엄마를 배려했던 아이였고, 내가 얘기하면 이해하려고 애써주기에 참 고맙다. 나는 아이들을 보면서 늘 배우는데, 종종 둘째와의 관계에서 난감할 때가 있다. 둘째는 예민하고 감수성이 풍부한 것이 어린 시절 나와 매우 유사하다. 현재는 둘째와의 관계가 아래 이야기보다 훨씬 나아졌다. 아직 해결해야 할 문제는 있지만, 요즘 참 행복하다. 이제는 둘째가 엄마 앞에서 춤을 추기도 하니 말이다.

작년 어느 날, 텔레비전을 보면서 맛있게 분식을 먹고 있었다. 가족들이 각자 나름대로 생각을 말하면서 보고 있는데, 갑자기 둘째가 화를 냈다. 둘째는 자신의 감정을 말로 하지 못하고, 몸으로 표현하는데, 그런 모습이 보는 사람으로 하여금 화를 불러일으킨다. 예전에는 그 모습에 자주 넘어갔다. 상담에서는 이를 '투사적 동일시 자신 안의 원하지 않는 것들을 상대에게 넘겨주고 조종하는 것'라고 하는데, 상대방이 던지는 투사 자신이 수용할 수 없는 감정이나 생각을 타인에게 넘겨버리는 것에 걸려 던진 사람의 생각한 대로 반응하는 것이다. 그날도 잘 먹다가 갑자기 화를 내니까 짜증이 났다. 게다가 왜 그러냐고 물으니, 엄마 때문에 짜증 난다고 말을 하는 것이 아닌가! 이게 무슨 소린가 싶어 다시 물어보니, 더 화를 냈다. 아휴, 정말 감성코칭이고 뭐고 다 때려치우고 싶은 마음이 올라왔다. 그러다가 다시 물어봤다. 엄마가 말한 것 때문에 그런 건지, 아니면 다른 것 때문인지, 무엇이 너를 짜증 나게 했냐고 물어도 대답하지 않는다.

아, 이럴 땐 정말 어떻게 해야 하는 것일까? 엄마는 잘해보려고 하는데, 아이가 예의 없이 행동하거나, 예측 불가능하다면 누구라도 당황하고 화도 날 것이다. 순간 욱하고 올라오는 화를 알아차리고, 심호흡을 몇 번 한 후에 조용히 I-message로 말했다.
"엄마는 네가 그렇게 버릇없이 행동하니까 기분이 안 좋아. 왜 그런지 얘기해 주면 좋겠어."
그러자 아이는 침대로 들어가 이불을 뒤집어쓰고 울면서 미안하다고 말했다. 너무 속상했다. 있는 그대로 편하게 자신의 마음을 말해주면 좋을 텐데, 아직은 힘든 모양이다. 이때 남편은 둘째가 다시 예전처럼 심각한 상태로 돌아간 것 같다면서 불안하다고 했다. 첫째는 싸한 분위기에 눈치를 봤다. 나는 남편에게 말했다.
"그렇지 않아, 둘째는 많이 나아졌어. 예전 같으면 더 크게 화내고 소리 질렀을 거야. 지금은 미안하다고 말도 하잖아."
그리고 첫째에게 괜찮다고 안심시키고, 이불 쓴 둘째에게 가서 말했다. "둘째야, 엄마는 둘째가 행복했으면 좋겠어. 그리고 잘 컸으면 좋겠어. 가끔 둘째가 이렇게 버릇없이 행동해도 엄마는 널 사랑해. 지금 말하기 어려우면 이따가 진정되고 말해줘. 기다릴게."

그런 다음 기다렸다. 그날 둘째는 그대로 잠들었다. 추석이 끝나고 온라인 수업이지만, 등교한다는 것이 스트레스였을 것이고, 연휴 동안 열심히 놀아서 피곤했던 모양이다. 전체적인 맥락으로 보면 짜증을 내는 아이가 충분히 이해된다. 게다가 좋아하는 프로그램인데, 옆에서 엄마가 이러쿵저러쿵 떠드니까 기분이 나빴나 보다. 어쨌든 아이가 예의가 없었던 것은 맞다. 그래서 아이도 미안하다고 말한 것이고, 나는 받아들였다.

이번 사건으로 가장 크게 느낀 것은 내 행동의 변화였다. 그리고 우리 가족의 대처 역시 변화하였다는 것이다. 아직 둘째가 자신이 느끼는 것을 알아차리고 말로 표현하는 것을 어려워하긴 하지만, 이제 시작이니까. 그리고 남편과 첫째의 불안을 내가 진정시킬 수 있었고, 둘째에게 차분하게 내 마음을 전달했던 경험은 나의 양육 효능감을 높여주었다. 엄마가 화난 아이를 진정시키기 위해, 아이의 화난 감정을 마음속에 대신 품고 있는 것은 중요하다. 대상관계 이론에서는 이를 담아내기 containing 와 버텨주기 holding 라고 한다.

앞으로도 이렇게 고통은 줄이고, 행복은 더 많이 느낄 수 있는 가족 소통이 이루어지길 바란다. 좋은 관계는 소통이 잘되는 관계인데, 소통을 위해 가장 중요한 것은 안전감이다. '내가 이 말을 해도 괜찮을까?' 상대에게 솔직하게 말해도 괜찮다고 믿어야 진정한 소통이 가능해지는데, 아마 둘째에게는 아직 엄마가 과거에 욱하며 화내던 기억 이미 만들어진 표상이나 이미지이 있기에 편안하게 자기의 생각이나 감정을 표현하기는 어려웠을 것이다. 이러한 의구심 믿지 못하고 두려워하는 마음은 다른 사람과의 관계에도 영향을 미칠 수 있다. 대상관계이론에서는 이를 대상관계 패턴이 반복된다고 말한다. 즉 주양육자와 맺은 관계를 살면서 반복한다는 것이다. 그렇기에 둘째의 의구심을 줄이고, 새로운 긍정적인 관계를 맺기 위한 노력이 필요했다. 엄마에 대한 나쁜 기억들이 전부 사라지는 건 불가능하겠지만, 새로운 좋은 기억들이 더해져 나쁜 기억이 흐려질 수는 있다. 마치 흙탕물에 맑은 물을 부으면 탁한 게 줄어드는 것처럼 말이다. 하지만 새로운 좋은 기억을 만드는 것은 매우 어렵다. 자녀에게 이미 각인된 표상 때문에 실패하기도 하고, 부모 역시 하던 대로 하는 습관이 있기에 그 노력이 처음의 몇 배가 필요하다. 즉 모든 사람이 그러한 노력을 할 수 있지는 않다. 그럼에도 자식을 사랑하기에 부모 자신의 실수를 인정하고 노력하는 사람들도 있다. 나 역시 건강하게 사랑하는 방법을 늦게 알게 되어 다시 몇 배의 노력을 들였지만 그만한 가치가 있다고 말하고 싶다.

처음 가족들과 감성코칭을 시작했을 때만 해도 '될까?' 싶었지만 기분을 말로 표현하는 연습을 시작하고, 일관적으로 일정하게 대화하는 시간을 가졌더니 변화가 시작되었다. 가족 간의 대화에서 서로 수용되는 경험들이 반복해서 쌓이면 안전감이 생기는데, 그러기 위해서는 상대의 말을 경청하고 공감을 충분히 전달하는 게 필요하다. 바로 이 경청과 공감이 자녀에게 사랑으로 전해져서 변화를 불러일으키는 것 같다. 부모는 자녀를 사랑한다. 그러나 사랑하는 방법이 틀릴 수도 있고, 사랑하는 법을 모를 수도 있다. 더 이상 부모 자신이 상처받은 방법^{비난이나 폭력 등}으로 자녀를 똑같이 대하는 실수를 하지 말자. 자녀가 안전하게 자기의 생각과 감정을 나눌 수 있도록 돕는 것이 부모가 해야 할 일이다. 부모는 자녀를 통제하는 것이 아니라 믿어주고 도와주는 역할을 해야 하는 것이다.

에필로그(남편의 편지)

―― 당신의 글을 읽으며 까만 글자 넘어, 2000년 3월…. 그 때 그 시간으로 돌아간다.

"…10:04분, 그 차 안, 웃음소리, 깜빡이던 시계, 앞차 후미등의 빨간 불빛, 당신의 미소, 더할 나위 없던 그 순간, 지금도 또렷한 그날의 감성"

당신을 보내고 차창을 내려 졸음을 쫓아낸 후 의식처럼 되어버린 주문을 외운다.

'내일 하루도 당신을 볼 수 있기를….'

서른 살 중반에 나는 가장 소중한 꿈을 이루었다.
당신과의 결혼식 날, 앞으로 펼쳐질 동화 속의 해피엔딩을 꿈꿨지만 야속하게도 우리의 삶은 거기서부터가 새로운 오르막길의 시작이었다.

가끔 삶이 너무 가파르게 느껴지지만 그날의 감성과 새로이 쌓아가는 추억들을 추진력 삼아 오늘 또 하루를 지지고 볶아가며 올라간다. 당신이 가르쳐 주는 길을 따라, 함께 새로운 길을 만들어 가며.

그리고 또 주문을 외운다. 내일 하루도 당신을, 그리고 너희들을 볼 수 있기를….
우리 가족 모두가 자기 자신을 사랑할 수 있기를….
서로에게 의지할 수 있기를….

고마워, 사랑해!
나의 1004 1호, 2호, 3호.

救 通
미·치·면 통·하·는 마·법

⑦ 감성 UP 소통 PLUS

최현주

내가 나의 부모가 되다

─── 어려서부터 같이 자란 동갑내기 사촌이자 나의 소중한 벗이 있다.

비슷한 집안 분위기에 각자의 특성을 잘 알기에 허물이 없이 지내며 가끔씩 밀어져 오는 감정이 북받쳐 오르는 날이 있으면 서로 의지하고 힘이 되어 성장하고 있다.

어려서 부모로부터 해소되지 못한 상황이나 감정이 일상을 침범하면 서로 울며 내면의 어린아이끼리 만나기도 하고, 한쪽이 심적으로 여유 있을 때에는 그때의 부모 대신 사과와 위로를 해주며 그렇게 버텨가던 어느 날…!

내 그릇의 능력 혹은 타인과의 관계에서 딱 비슷한 지점에 문제가 턱 하고 막히곤 하여 하소연만으로 더 이상 발전할 수는 없는 순간이 왔다.

서로 가정을 일구고 다둥이를 낳아 키우다 보니 어느새 우리 나이 마흔이 훌쩍 넘어섰다. 여느 때와 같이 일상이 버거울 때면 서로 전화를 하며 어려서 부모님으로부터 충분히 받지 못한 사랑에 대한 원망의 늪에서 서로 허우적거리던 반복적인 나날 중 어느 날 나는 그 벗에게 이런 말이 단호하게 나오게 되었다.

"이제 우리 부모님을 놓아드리자. 마흔이 넘은 우리가 우리를 충분히 보듬을 수 있다고…. 우리 성인이고 충분히 잘 자랐으니 내가 내 자신을 돌보자. 그리고 부모님의 보호자가 되어보자!"

그런 깨달음이 불현듯 강하게 올라온 후로 내 부모의 턱하고 숨막히는 순간들과 원망들은 이해와 용서를 하기보다, 내 자신에게 집중하며 삶이 더 명료해지게 되었다. 나의 생각과 선택 그리고 행동의 자유가 생겼다.

비로소 어린 내면의 아이와 현재의 내가 분리가 되었다. 더 이상 부모의 그늘보다 나라는 내면의 깊고 아름다운 공간에 머무르고 나의 부모님을 한 사람으로 인정하게 되었다. 다른 한 사람으로 분리되어 떠올려 보니 부모님께서 그 당시의 삶이 얼마나 힘들었을지 안

간힘을 써 자식에게 최선을 다한 삶이었는지 그제서야 이해되었다.

또 하나 내가 얼마나 사랑을 충분히 받고 자란 존재로 그저 귀하다는 것을 깨닫게 되었고 벅차는 마음이 차올라왔다.

부모님을 떠올리면 가슴 깊은 곳에서 올가미로 엮인 짐으로 여겨지던 40 평생에서 부모님의 헌신적인 사랑을 받은 나란 사람에 대해 흡족하게 되니 나의 부모님을 더 사랑하게 되는 다른 삶이 찾아왔다.

우리는 모두 완벽할 수 없지만 최선의 사랑을 받고 성장한 사람들이다. 그리고 대다수가 부모로부터 큰 상처를 받고 자라기도 한 사람들이다.

하지만, 우리 부모님들은 그 순간 분명 최선이었다는, 진심이었다는 것을 이해한다.

오늘의 내가 그런 삶을 살아가듯이….

관점-같은 상황
다른 감정 다른 해석

────── 오늘의 나로서 정체성을 찾게 되던 그 시절은 뭐든 해낼 수 있다는 자신감이 마음 가득했고 많고 많은 꿈을 꾸던 여고 시절이다.

 세상 제일 잘난 줄 알던 그 사춘기 그 끝 무렵 그 시절 엄마의 사랑과 정성을 당연히 여기고 때론 수가 틀려 부모님의 삶이 가벼이 느껴지던 그 시절의 나와 비슷한 나이의 딸을 지금 내 엄마의 나이와 비슷한 내가 있다.

 그때 그 당시 엄마는 나의 속옷까지도 매일 삶아 다림질까지 해주고 한결같이 새 옷보다 더 깨끗하게 준비해 놓으셨다.

항아리 모양의 승마 바지나, 일부러 자연스럽게 입는 바지가 유행일 때 엄마는 청바지까지도 정장 바지처럼 빳빳하게 칼 각을 세워 다림질해 주셨다. 버스 안에서 구깃한 바지를 입은 또래들 앞에서 유행을 모르는 이로 비춰질까 봐 민망해하며 엄마를 원망한 순간이 있었지만…. 할 수 있는 한 정성을 다해 자식 사랑을 그렇게 표현해 주셨다.

아침부터 간식 야식까지 아무리 손이 많이 가도 소시지 같은 가공식품이나 전자레인지를 사용하는 법 없이 해줄 수 있는 한 예쁜 그릇에 매 끼니 건강하고 맛있는 음식을 대령해 주셨다.

당시 우리 일가친척들 모두는 전자레인지의 전자파가 건강에 해롭다는 인식이 있어 더욱 기피하였다.

게다가 엄마의 요리 솜씨는 아직도 고급 한정식집에 손색이 없을 정도시다. 아직도 집에 조미료가 아예 없는 것은 엄마 자신의 자부심이다. 엄마의 솜씨는 친구들에게 살짝은 뿌듯했고 너무나 당연한 것이었다. 그래서인지 엄마에게 나는 참 빳빳했고, 우리 엄마를 부러워하던 내 친구들과 우리 엄마는 얼핏 보면 더 다정하게 지내셨다.

엄마는 학교도 자주 드나드셨다. 육성회 활동도 열심히 하셨고, 학교 선생님들과도 가깝게 편지를 주고받으며 음식을 나눌 정도로 다정하게 지내셨다.

그건 내 자식 잘 봐달라던 극성스런 치맛바람의 모습이 아니라,

누구에게나 감사의 표현을 하고 도움이 필요한 이들에겐 거리낌 없이 같이 울고 어떻게든 도움을 주려 손발 벗고 해결해 주시고, 매사 경우도 바르지만 **인정이 넘치도록 많은 분이셨기 때문임을 나는 확신한다.**

  내가 아주 어렸을 때 우리 집은 마당 있고 셋방이 여럿 있는 집에서 어린 시절을 보냈다. 1970년대 후반에 수돗물도 쉽게 구하지 못하던 때였던 것 같다. 엄마는 우리 집 대문을 두드리는 거지의 행색을 한 떠돌이 삶을 사는 분들의 무리를 그냥 보내신 적이 없다. 물만 떠가겠다던 그분들을 셋방을 쭉 지나 우리 안방을 들어가기 전 안쪽 마루로 모셔 식사를 대접해 드리고 물을 받아 가시게 하던 모습이 사진처럼 내 기억에 살아 있다. 사실 우리 식구들은 예민하고 비위도 약하고 깔끔을 얼마나 떨었던지, 유별나 보일까 봐 털털한 척 위장하지만 스스로 피곤할 정도의 결벽증이 있다. 그 결벽증을 뛰어넘을 만큼의 온정을 한결같이 베푸시는 모습이 가끔은 피곤한 적도 있지만 그런 부모님의 뒷모습은 내 안에 자랑스럽게 자리하고 있다.

  아버지는 어린 시절부터 누가 뭐라고 해도 자식 일이라면 끔찍하셨고 아버지 소신대로 나를 아껴주셨다.

  내가 뭘 해도 자랑스러워하고 믿어주셨던 그 눈빛이 든든하게 내 안에 있다.

아주 어린 시절 집안 종친회는 매년 중요행사이다. 아버지는 종손이고 나는 장녀라고 유아원생인 나를 함께 데려가셨다. 그 자리에서 내성적이고 응석받이인 나를 아빠 무릎에 앉히고 회의가 진행되었는데 집안 어르신들이 호통을 치셨다.

첫째, 딸이 낄 자리가 아니고
둘째, 아이를 응석받이처럼 무릎에 앉혀서다.
내 기억 속 아빠는 전혀 개의치 않으시며, 나를 자랑스러워하며 끝까지 무릎에 앉힌 채 회의가 끝났다.

성당을 다니던 나는 초등학교 3학년 때 첫영성체를 준비했다. 첫영성체 예식을 준비하는 과정은 흰 드레스를 입고 머리에 새 미사보를 쓰고 화관을 머리에 고정한다. 우리들은 하얀 드레스에 흰 레이스 양말을 신고 흰 구두 대신 흰 실내화를 신고 한 줄로 서서 화관을 고정해 주시는 수녀님 앞에 가서 조금이라도 더 예쁜 화관이 내 머리에 씌워지길 설레는 마음으로 한 줄로 서 있었다. 그 수녀님 바로 옆자리에 몇몇 아줌마들을 제치고 우리 아빠 단 한 명이 핀통을 들고 서 계셨다. 율리아가 내 딸이라고 실핀 하나라도 더 꽂아달라고 하셨다. 수녀님은 대꾸도 없이 다른 친구와 똑같이 꽂아주셨지만 나는 이미 특별한 화관을 장식하고 첫영성체를 영할 수 있었다. 엄마는 유별나다며 아빠에게 계속 면박을 주셨지만, 그건 엄마 아빠 문제일 뿐 **나에게는 특별한 존재로 가슴에 남는 빛나던 순간들이 나의 성장기마다 자리한다.**

나만의 추억 상자에서 가장 단단히 자리 잡은 특별한 순간들을 내어주신 아빠 엄마와 이런 이야기를 나눠본 적은 단 한 번도 없지만, 내 아이가 성인이 다 되어가는 지금 이 순간도 **그 어린 특별한 순간 속 내가 그대로 살아 있다.**

아이러니한 점은 인정 넘치고 따듯하고 친절한 엄마가 예민한 성격 탓에 우리 남매가 엄마 곁으로 가서 누워 있으면 잠을 못 이루셨다.

그러다 보니 잠자리는 엄마 혼자 넓게 자리 잡고 가족과 떨어져 주무시고 아빠는 우리 남매를 양쪽에 두 팔 벌려 눕혀 꼭 안아 재워주셨다. 초등학교 고학년 때까지도 말이다. 밤마다 동생과 나는 "아빠는 내 거야!" 라며 서로 경쟁하듯 세게 껴안고 까르르 웃다 엄마가 잠이 막 든 순간에 시끄럽다고 짜증을 내시면 아빠가 조용히 하고 자라고 호통을 치셔도 좋다고 까불다가 또 혼나고 어느샌가 스르륵 단잠을 자고 아침을 맞이했다.

아버지는 늘 무서운 표정으로 쓰음! 하며 인상 쓰시거나 눈을 마주치지 않고 응, 아니, 나와, 가자, 자자 외에 말수가 없으신 그 흔한 예전의 어르신이라 웃는 것이 더없이 어색한 분이다. 지금 생각하면 늦은 나이에 자식을 봐서 힘드실 텐데, 잠자기 전 다 같이 윗몸일으키기 줄넘기 씨름 등 요즘 말하는 '홈트'를 하며 몸 놀이를 해주셨고, 요즘 트렌드 식인 홈트가 끝나고 나면 우리 남매 손발·세수·뒷물·이 닦기를 매일마다 해주셨다. **아주 따듯한 물로!**

머리도 정말 끝내주게 꼼꼼하게 묶어주셨다. 엄마는 잔머리 다

흘러내리게 묶어주셨고, 그럴 수밖에 없는 것이 엄마가 내 머리를 묶어주실 일이 없었기도 했다.

아빠는 우리에게 무서운 분이셨음에도, 내가 짜증 낼 일이 있으면 아빠에게 온갖 짜증을 부렸었다. **사춘기가 지나 성인이 되어도 말대꾸도 또박또박, 할 말을 다 했으니 이걸 무서웠다 말하는 것보다 누울 자리 보고 다리 뻗는다고 부모님께서 다 받아줄 것을 알았던 모양이다.**

나의 부모님만 봐도 이미지와 실제 이면은 의외의 모습이라 할 수 있지만 두 분 서로 부족한 점은 상대가 다 채워주었기에 그 모습이 천생연분으로 보였고 나는 각각의 사랑이 충전될 수 있었다고 생각한다.

나에게 있는 정성 없는 정성 다 쏟아 자식 잘되길 바라는 부모 마음이 자식인 내게 부담되지 않도록 애써 티 나거나 섣불리 말씀하지 않고 건강하게 잘 자라주는 것에 고마워하고 강요가 없으셨다. 그래서인지 나는 태평하고 욕심이 없어도 너무 없는 편이다. 지금도 친정어머니께서 항상 하시는 말씀이 나는 너희에게 시험 잘 봐라, 공부 잘해라, 백 점 맞아 오라, 꼭 합격해야 한다, 이 직장 관두지 말고 참아야 한다 등의 말을 한 번도 한 적이 없다고 당당하게 말씀하신다.

친정어머니 입장에서는 당당한 교육관 일지 몰라도 내 입장에서 유년시절부터 내가 엄마가 되어 내 아이 커가는 모습을 보는 마흔 넘어서까지 친정부모님께서 내게 조언이나 강요를 안 한 것에 대한 원망이 컸었다. 세상 내 뜻대로 쉽게 되는 것은 절대 없고, 공을 들이고 들여야 이룰 수 있는 것이 세상 이치인데, 어리던 그 당시 별것이 다 서운하고 부모 탓 돌리며 나만 옳다고 우기던 기나긴 시절이 있었다. 자기 위안하기 급급한 철부지 시절이기에 부모님께서 내게 승부욕을 자극할 말씀을 하지 않은 것조차 부모님 원망을 했었다.

그렇게 자라온 내가 두 아이의 엄마가 되어 내 아이에게 나는 내 부모와 달리 어떤 양육태도와 환경을 제공할지 진지하게 고민했다. 난 내 자녀에게 당장의 성과가 중요한 것이 아니고 성실하고 겸손하게 수행하도록 과정을 함께 나누고 지지해 주고, 차근차근 내 아이 자신만의 성취를 쌓아가며 본인을 아끼고, 본인답게 즐기며, 행복하고 건강한 성인으로 성장하길 바라는 마음을 눌러 담아 부모의 말 한 마디 한 마디를 함부로 뱉으려 하지 않겠다고 마음가짐을 하고 다짐을 하였다.

하지만 이건 태교할 때 그리고 아이가 잠들 때, 아이가 학교 가고 없을 때, 한바탕 아이랑 다투고 난 후 감정이 사그라지고 이성이 돌아올 때가 되어야만 다시 다짐이 찾아온다.

나는 내 아이에게 하루에 한 번 이상 공부해라를 몇 번을 외치는지 그때마다 내 엄마는 나에게 이런 말을 어떻게 안 할 수 있었는지, 내게 그런 욕심도 없었던 건지, 내가 부모 노릇하기 힘들 때마다 내 엄마가 내게 하신 행동들을 원망한 적도 물론 있고 내 엄마와 다른 내 아이의 엄마가 되려고 했었다.

 그리고 큰아이가 고등학생이 되니 내 엄마의 모습이 나에게 비춰지기도 하고, 정성을 다해 나를 키우신 친정부모님이 자꾸 생각이 난다.

 자녀와 나의 관계에서 엄마인 나는 내 부모님의 정성 그 100분의 1도, 그림자도 못 따라가 부모로 갈 길이 한없이 멀게 느껴진다.

 신기한 것은 내가 강의를 하게 될 줄은 살면서 한 번도 생각해 본 적이 없다. 그래서 곧 성인이 될 큰 아이가 진로를 고민할 때 앞날은 알 수 없으니 걱정하지 말라고 말하게 된다. 나의 이야기를 풀어내어 강의를 할 수 있게 된 첫 시점이 부모님께서 보시던 오래된 도서가 내 손에 들어온 순간과 일치한다.

 살면서 가장 재미있는 학창시절을 꼽아보라면 바로 떠오르는 고등학교 2학년 어느 날 새벽에 내 방의 책장을 살피다 갑자기 눈에 들어오는 책이 있어 잡아 홀리듯 흡족하게 읽은 책!

 당시 우리 집 현관에서 거실로 들어오는 정 중앙에 손님들이 바로 보일 수 있는 자리에 부모님 성향을 드러낼 수 있는 책들을 꽂아두셨다. 늘 책을 곁에 두셨던 친정어머니께서 내 방 책꽂이 제일 위 칸 구석에 두셨던 책은 신간 도서가 아닌 아주 오래된 책들로 곧 부모님 관심 밖의 보관용 도서들이다.

 세상을 다 아는 듯하던 고등학교 시절 그 당시의 나로서는 엄마의 행동이 타인의 눈을 의식하는 듯 보였으며, 고상해 보이려는 듯 보여졌다. 엄마의 취향을 지금이야 이해하지만, 그 당시는 사춘기 말미다 보니 살짝 반항심이 그득하여 거실 중앙의 책들에 엄마가 관심을 가지고 읽고 말씀을 하셔도 한 장을 넘기지 않았다.

솔직히 어떤 책이 꽂혀 있었는지 아직도 잘 모른다.

그래서 그 책은 거실 중앙 즐비한 도서와 달리 자연스럽게 관심이 갔다. 부모님의 비밀을 엿보는 듯한 마음으로 그 책을 손에 잡은 일은 마치 마법과 같다.

내가 그 책을 꺼낸 순간 나의 엄마 아빠의 오랜 손때가 고스란히 느껴졌다.

여고생인 나는 부모님의 그 큰 사랑 따윈 당연한 거라 여기며 나 혼자 잘났음이 가득하던 시절이었기에 부모님의 흔적을 단순하게 탐닉하고픈 호기심이었지만, 부모님의 그 흔적이 내심 자랑스러웠다는 것을 나는 안다.

억지스럽게 잘되길 바라는 기대감을 짊어지며 읽은 책도 아니고 부모님의 관심에서 벗어난 그 책, 내가 자연스럽게 손에 잡아 한 장 한 장 넘기며 읽었던 책을 30년이 지난 기억과 감성으로 다시 꺼내 읽어 내려가는 동안 부모님의 체취가 담뿍 느껴진다.

레오 버스카글리아의 『살며 사랑하며 배우며』이다.

익숙한 문장 '살며 사랑하며 배우며'는 내게 특별한 문장이자 책이다. 30년 전부터 내 삶의 모토는 '살며 사랑하며 배우며'이고, 가정을 꾸린 이후 가훈도 살며 사랑하며 배우며 이다.
  레오 버스카글리아 교수의 『살며 사랑하며 배우며』를 통해 사랑의 가치와 삶의 방향을 찾으며 한 줄 한 줄 깊은 감명을 받았을 테지만 **나는 글귀보다 내 부모님의 삶이 그 책에 담겨 있기에 나에게는 마법과 같던 교감을 그 책을 통해 만날 수 있었다.**

  내가 30년 전 내방 책장 맨 위 칸 구석진 곳에 자리한 그 책을 접한 그 순간과 지금이 관통하고 있음을 깨닫게 되었고 그 이후 내 삶의 모토가 된 이유를 명쾌하게 깨닫게 되었다.

  살며 사랑하며 배우며…!

성찰은 오롯이 혼자 해야 한다

─── 작은아버지 큰딸인 나보다 한 살 위 사촌 언니가 중학교 시설 아주 오랜만에 큰아버지 댁인 우리 집에 아무도 없이 아버지만 계실 때 심부름을 왔다. 아버지는 내 친구인 줄 알고 그만 그 반가운 조카를 못 알아보셨다. 인사만 받으시고 아버지의 볼 일을 보는 통에 사촌 언니는 물 한잔 대접받지 못하고 불편하게 조금 앉아 있다 "안녕히 계세요." 하고 집으로 향했다. 한창 예민할 시기의 그 소녀가 큰아버지라고 반가운 마음에 한 시간이 훌쩍 넘는 거리의 심부름을 떠났을 텐데 낯선 장소에서 환대는커녕 투명인간처럼 혼자 불편하게 앉았다 힘겹게 돌아가는 길이 얼마나 생채기가 클지 그 소녀인 사촌 언니를 생각하면 내내 가슴이 아프다.

사촌 언니가 집에 도착한 후 작은아버지는 아버지에게 전화를 걸어 화를 내셨다. 아버지는 정말 몰라봤다며, "큰아버지."라고 이 한마디만 했어도 알았을 텐데 정말 몰랐다며 사과했지만, 작은아버지 입장은 그럴 수 없었다. 형이 원래 눈썰미가 없어 사람 잘 못 알아보고 묵뚝뚝한 성격인 것을 누구보다 가장 잘 알고 있지만, 속 깊고 더없이 소중한 자신의 딸이 겪은 일이 상처가 되니 말이다. 사촌 언니는 그 이후 우리 집에 다시는 오지 않았고 우리가 작은아버지 댁에 가야 소식을 접할 수 있지만 우리 아버지가 돌아가신 이후 그마저도 소원해졌다. 사촌 언니는 어려서부터 똑똑해서 명문대 입학하고 자수성가해 아주 잘살고 있지만 우리 가족은 여전히 작은 소녀였던 그 사촌 언니에게 미안한 마음이 남아 있다.

만약 작은아버지께서 전화를 걸어 화를 내지 않으셨다면, 우리는 사촌 언니에게 미안할 기회조차 없었을 것이다.

마음속 미안했던 일을 떠올리면 생각나는 일 중 사촌 언니가 떠오른다. <u>살다 보면 뜻하지 않게 혹은 알게 모르게 상처를 주는 일들이 생긴다는 것도 받아들이게 되었다.</u>

그러다 보니 고마운 인연들이 유독 더 감사하게 남게 된다.

처음 운전을 배웠을 때 4차선 도로에서 50m를 앞두고 좌회전을 하려고 무리하게 1차선으로 끼어들기를 하다 사고가 날 뻔했었다. 상대 차주분께서 차 문을 내리고 소리를 치며 화를 내시다 나의 표정을 보시더니, 내가 초보운전자임을 딱 알아차리셨다. 나에게 화가 나는 마음은 바로 초보운전자인 나에 대한 걱정으로 바뀌어 "그렇게 운전하면 안 된다!"는 호통을 들었다. 그 호통은 나에대한 걱정과 위로가 담겼다. 운전을 즐겨 하는 요즘도 걱정을 해주셨던 차주분이 떠올라 다양한 불량운전자를 봐도 너그러워진다.

사회생활을 할 때는 나름 야무져 윗분들에게 지지와 인정을 받았다. 제아무리 야무져도 사회 초년생이니 크고 작은 실수들이 어마어마하게 많았음에도 예쁨을 받았다. 그때마다 어찌나 큰 아량을 베풀어 주셨는지….
누군가로부터 내리받은 그 사랑들이 오늘 나의 안녕의 원천이다.

또 하나! 난 한 점 부끄럼 없이 공명정대하고 상대와 자신에게 진심이었으나 틀어지는 결과만큼 나의 진심이 왜곡되는 것이 힘들었다.
하지만 이제는 살다 보니 실수하는 나에 대해 인정하고 의도치 않았지만 나로 인해 상처받은 이들이 분명 있을 거라 '여기까지구나….'라고 생각한다.

그리고 결이 달랐고 당시 미숙해 미처 닿을 수 없는 당시 나로 인해 마음 상하셨던 그분들에게 사과의 마음을 전하고 용서를 구한다.

나의 선택은 꿋꿋하게

―――― 내 친구들 중 현실적인 친구들은 대학을 다니며 이성교제를 하면서도 달콤하지만은 않았고 취업을 위해 준비해야 할 것들이 급한데 나의 '살며 사랑하며 배우며'적인 타령이 배부른 소리 하는 것으로 보이는 친구들이 있었다.

하지만 나를 돌이켜 보니 나도 매 순간 열심히 살았다!

과정은 비슷해 보일 수 있으나 삶을 대하는 입장은 분명 달랐다. 난 즐거움이 많았고 심적으로 여유로웠으며 만족할 줄도 알고 일상이 소소한 감사함으로 별 걱정 없이 살아가고 있었다.

남들 등록금 인상에 반대시위 하거나 동참이 필요할 때 개인주의처럼 전혀 동조가 되지 않았다. 정의가 무엇인지 복잡한 고민을 하지 않았다. 복잡한 일에 얽히거나 힘든 건 알아서 피했던 듯하다. 그러면서 남들 안 하는 일이지만 시작한 일은 꿋꿋하게 끝까지 해냈다.

대학 시절 교수님 친구분이 하는 디스플레이 업체에서 아르바이트를 한 적이 있다. 경기도 외곽에 위치한 곳으로 가니 공장과 같은 작업장에서 같은 크기의 톱질을 계속하게 하고 인형 눈알 붙이기 등 단순노동을 하게 되었다. 여름에 땀을 뻘뻘 흘리며 하는 일이 힘이 들었다. 하루 이틀 다니다 이런 알바는 도움 되지 않는다며 대다수의 친구들은 그만두었지만 나는 끝까지 한 달을 채웠다. 마지막 날 야간작업을 한다고 하여 그간 고된 작업을 했던 것들이 뭐가 어떻게 되는 줄도 모르는 물건들을 싣고 작업장이 아닌 어디론가 이동했다. 처음으로 간 장소는 대구였다. 대구의 번화가에 위치한 백화점을 바라보고 저녁밥을 든든히 먹고 주변의 네온사인이 꺼진 후 백화점에 들어갔다. 백화점 안을 장식하는 과정도 어떤 것이 될지 전혀 모르고 여기서부터 저기까지 나무토막을 다 붙이라면 붙였다. 한참을 하고 나니 나의 고된 노동들이 작품으로 바뀌었다. 그 과정이 마치 신데렐라가 마법사의 도움으로 변신한 듯 마법을 부리는 것 같았다. 백화점 내 모든 인테리어를 가을 컨셉으로 작업하는 데 **한 달의 고됨이 짜릿한 순간으로 바뀌었다.** 내가 했던 모든 작업이 무엇인지도 모르고 끊임없이 자르고 붙이는 더미들이 멋진 잠자리와 낙엽 가을 나무로 바뀌는데, 마술을 경험하는 것 같았다.

새벽 5시경 일이 마무리되었을 때 그 백화점을 내가 이렇게 탈바

꿈해 놓았다니! 아직도 그 쾌감과 화려하게 완성된 디스플레이 이미지는 생생하다.

요즘은 초대형 전광판 디스플레이 시대이니, 소품 등 몸을 써서 공간을 꾸미는 일이 점점 없어지는 추세지만 기회가 주어진다면 지금이라도 다시 경험해 보고 싶다.

당시 하루 이틀 만에 일을 관두었던 친구들은 아직도 그 당시 교수님께 실망이라며 아직도 안 좋았던 경험으로 치부한다.
백화점 디스플레이라고 하지만 이런 고된 노동이 무엇으로 바뀔지도 모르면서, 분개하며 며칠 만에 아르바이트를 관둘 때도 나는 감정적 동요가 전혀 없었다. 과잉보호 속에서 자라 힘든 일은 기피하는 내가 그 일을 군소리 하나 없이 어떻게 해낼 수 있었을까? 친구들이 관둘 때 동요될 법도 한데 꿋꿋하다. 하지만 그 친구들은 경험하지 못한 것을 난 품고 살아간다는 우쭐함은 혼자만 흐뭇하게 웃을 수 있는 유익한 경험이다.

사회 초년생 시절 다양한 전공을 한 친구들 중 사회복지학을 전공한 친구들은 꽤나 힘들어했다. 거의 매일 술 한잔하자고 연락이 왔으니 말이다. 업무가 어느 정도 적응이 되니 사회복지대상자분들에 대한 애정과 존중이 커져서 미처 잘해주지 못했던 미안함을 말할 때 나와 나의 친구들은 정말 어른이 되어갔다.

그렇게 20대 중반이 지나 어엿한 사회인으로 자리 잡아갈 무렵, 뒤늦은 나이에 처음으로 순수 봉사활동을 시작하게 되었다. 낡고 허름한 장애인 시설 단체였고 시설장님은 하지마비로 휠체어를 타고 계셨다. 그 낡고 허름한 공간이 거주지며 시설이었다. 그 시설 내 안쪽 방에 그림을 배우고 싶어 하는 분과 인사를 나눴다. 나보다 나이가 몇 살 더 많은 뇌성마비 장애인이었다. 일주일에 한 번씩 가서 한 시간가량 그림을 그리도록 지도해 드렸다. 작고 왜소한 체격에 마음대로 움직여지지 않는 손으로 그림을 잘 그리시는 모습이 감화되어 더욱 열심히 활동을 했다. 그림을 그리는 동안 서로 사는 이야기를 하며 어떤 이득을 바라는 마음 없이 하는 날까지 열심히 지도했다. **난 그저 어떤 일이든 내가 선택한 것이면 선입견 없이 정진한다.**

지금도 그렇다. 설렁설렁 대충하는 건 집 안 청소나 내 자신 치장이고 **내가 선택한 일은 나도 모르게 집중한다.** 계산할 줄 모르고 적극적으로 달리는 나를 볼 때마다 혼자 피식 웃으며 이젠 운명이려니 생각한다. 하지만 우유부단하게 모든 일을 승낙하진 않는다. 사리사욕도 전무한 편이라 **일의 선택은 가치에 기준을 두는 경향이 있다.** 가치관이 맞아야 하고 내가 좋아해야 한다.

그리고 내 선에서 감당 가능한 일일 때 승낙한다. 나는 나의 선택을 즐긴다. 남이 무슨 말을 하는지에 휘둘리지 않고 멀리 갈 수도 있고 지름길로 가는 날도 있겠지만 묵묵히 실천하며 나의 선택 나의 길을 예전처럼 앞으로도 걸어가려 한다.

괜찮아 그래도 괜찮아!
너 정말 괜찮은지…

─────   첫째를 임신하고 순산을 하고 세상 남부러울 것이 없었다. 아이를 낳으니 세상일에 관심을 가져야 할 것이 많아지기 시작했고 최선을 다해 살다 보니 내 삶이 더욱 소중해서 먹거리 하나하나도 한 번 더 알아보고 신중해졌다. 첫 아이를 키워 본 부모들은 다 겪어봤을 그때도 참 열심히 지냈다. 건강을 위해서 생들기름 제외 기름을 사용하지 않았고 스테인리스 팬에 저수분으로 이용해 요리를 하고 현미밥에 비건은 아니지만 플렉시테리언 채식을 시작했다. 소금도 아홉 번 구운 죽염만 이용하며 내 몸을 더 건강하게 만들었다. 그렇게 온 가족의 축복 속에 둘째를 계획하고 둘째가 찾아왔다. 첫째에게 36개월 이전 태어난 동생은 상처가 된다는 육아 서

적의 이론에 맞춰 첫째가 동생을 원한다고 기도한 후 37개월 터울이 되도록 계획하고 바로 찾아와준 우리 둘째까지 배 속에 있으니 세상 더없이 행복했다.

그런데 첫째보다 심한 입덧은 예상 밖의 시련이었다. 입덧이 너무 심해 체력이 바닥이 나서 침대에 누워서만 지냈다. 남편이 회사 간 이후 4살짜리 우리 큰애는 배고파 혼자 생협에서 배송된 음식을 찾아 빵 하나 집어 들고 먹다 심심해 잠이 들고 아빠를 기다렸다. 순둥순둥 따뜻한 성품을 지닌 큰아이는 더없이 지금도 의지하게 되는 특별함이 있다. 내가 기력이 조금 돌아올 때 내 몸이 힘들어 손 하나 까딱 못하는 상황 속 첫째 아이가 눈에 들어왔다. 저 어린 내 아이에게 엄마가 바로 옆에 있는데도 아무것도 못 해주는 현실에 가슴이 미어져 괴로웠다. 그렇게 열 달을 채워 둘째가 세상에 나올 날이 되었다. 첫째도 순산이었으니 둘째는 더 순조로울 줄 알았으나 생각지도 못한 난산이었다.

난산으로 인해 몸이 망가져 움직일 수 없으니, 아무것도 할 수 있는 것이 없었다. 산후조리원을 나와 산후 도우미 이모님을 모셨는데 다행히 다시 못 만날 좋은 분을 잘 만나 그나마 참 다행이었다. 큰 도움을 주셔서 심리적으로 의지도 되고 안정도 찾고 밥도 먹고 정신을 차릴 즈음 **갑자기 아버지가 돌아가셨다.**

믿을 수 없는 말도 안 되는 상황이었다.

지병이 있어도 무슨 일이 있어도 아빠는 늘 내 곁에 계실 줄 알았는데 말이다.

장녀라 부모님에 대한 책임감을 짊어지고 있다고 생각했는데, 아니었다. 부모 그늘 아래 자기 잘난 줄 아는 철부지 아이였던 것이다. **아이 둘은 낳았지만, 부모 앞에서 나는 그 어린아이였던 것을 아버지와 영영 헤어지게 된 후에야 처음으로 알게 되었다.**

아버지 병간호 한번 못 해드리고 임종을 지키지 못한 것을 아쉬워하기보다, 아버지의 죽음에 후회와 슬픔보다는, 죽음 자체가 믿어지질 않았고 원망했다. 왜 하필 내가 둘째 낳고 힘들 때 갑자기 돌아가셨냐고 엄청나게 미워했다.

얼마나 인정할 수 없는 충격이었던지…. 염을 하는 과정을 지켜보던 나는 눈물 한 방울이 나오지 않았다.

늘 그리운 나의 아버지, **아버지가 그리운 날이면 내 아이들이 더욱 애틋하다.**

아버지와 많이 닮은 나다. 내 아버지가 내게 했듯 내가 나의 아이들에게 살뜰히 챙겨주는 모습 속 나의 아버지가 살아계신 것 같다. 나와 비슷한 내 남동생은 아이가 셋이다. 코로나로 자가격리 중

눈이 내리던 어느 날 내 남동생은 밖에 나가 큰 대야에 눈을 가득 퍼 와서 아이들과 눈 오리를 만들 수 있게 해주었다. 자식 일이라면 끔찍이도 유난스러운 내 동생의 모습을 보니 또 아빠가 생각이 난다.

하나에서부터 열까지 내가 내 아이를 대하는 자상한 손길 속에는 아버지가 함께한다. **살아계실 때는 정말 나만 잘난 줄 알았었다. 그게 부모님께 물려받은 사랑인지 모르고 말이다.**

초등 1학년 때 친할머니께서 돌아가신 직후 갑자기 내가 어른이 되어 엄마 아빠가 죽으면 난 어떻게 살아야 할지 두려웠다. 그래서 외할아버지가 돌아가셨는데도 씩씩하게 잘 사시는 엄마에게 "*엄마는 아빠가 없는데 어떻게 살아?*"하며 물어봤다.

그때 엄마께서는 내겐 할아버지를 대신할 너희들이 있고 여기가 이젠 내 가족이라 남편과 자식이 있어 잘 살 수 있다고 담담하고 편안하게 답변해 주셨다.

그 답변은 어린 나에게 부모 부재에 대한 두려움을 한 방에 해결이 되었다. 지금 이 나이까지도 초 1 때 들은 엄마의 답변이 해법이 되어서인지 아버지의 부재를 내 가족들의 사랑으로 채워가며 아무 일 없다는 듯 살아가졌다.

할아버지 얼굴을 한 번도 보지 못한 둘째는 똘망똘망 토실토실 사랑스러운 내 아이로 잘 자라주고 내 몸은 조금씩 움직일 수 있었다. 첫째 아이만 이 세상의 유일한 천사인 줄 알았는데 둘째 아이도 상상해 본 적도 없을 만큼 사랑스러운 천사였다. 다시 의욕이 생기고 하루하루 아이들과 활기차게 지냈다. 그때는 세상에서 제일 멋진 나의 반려자가 퇴근하고 아이들이 잠든 후 둘이 앉아 조용히 도란도란 이야기하는 순간이 정말 행복했다. 그렇게 둘이 도란도란 이야기를 나누는데 남편이 내게 내 얼굴이 빨갛다며 볼에 손을 대더니 깜짝 놀랐다.

체온계로 재보니 39도가 넘는 고열이었다. 아픈지도 모르고 하루 종일 아이들을 돌보며 지냈던 것이다. 병원을 가니 2010년 초 유행하던 신종플루에 걸렸던 것이다. 2009년도에 유명 연예인 자녀가 신종플루로 하늘나라로 간 충격적인 사건이 있던 터라 나는 더욱 내 몸이 아픈 줄도 모르고 아이들 걱정만 되었다. 첫째 아이는 돌까지 병원 한번 갈 일 없이 키웠는데, 6개월도 안 된 둘째에게 타미플루를 먹이는 상황이 얼마나 안쓰러웠는지 모른다.

나는 괜찮은지도 모른 채 말이다.

아빠가 살아계실 때 내가 아이를 잘 돌보는 모습을 엄마는 유난이라고 한 번씩 면박을 주곤 하셨지만 아빠는 역시나 당신 딸이 아이를 아주 잘 본다며 **내가 무얼 해도 벅차게 자랑스러워하며** 말씀하셨다. "지 몸 하나 까딱하며 움직이기 싫어하는 것이 자기 자식은 잘 키운다."고 그 말수 적으신 분이 칭찬을 툭 하고 던져주셨었다. 그런 아빠의 기특한 딸인 나에 대한 진심들이 엄마가 내게 해주셨던 백 마디 주옥같은 말보다 눈빛과 마음 손길 행동들이 내 안에 살아 있어 오늘도 내 아이들을 돌보는 근간이 되었다.

오늘도 나의 선택과 행동 말들이 나의 아이들의 해결책이 되겠지!

하지만 책임감으로 똘똘 뭉쳐 하루하루 살아나가는 나….

정말 괜찮은지 힘들고 지치면 다 내려놓고 쉬어도 되고, 혼자서만 안간힘 쓰고 버티지 말고 다른 사람들과 조금 짐을 나눠도 되고, 내가 날 돌아볼 책임을 가져보자고, 괜찮다고, 그래도 괜찮다고 그렇게 해보자고 다독인다.

결핍은 서로 채워가며
그렇게 알아서 '자기 독립' 홀로서기가 되어가다

───── 아이를 낳고 키우는 데 행복함이 큰 만큼 체력적으로 정말 힘들었다. 정말 잘 키우고 싶은 마음에 몸이 아파도 아픈 줄 모를 정도로 사랑스러워 아주 예뻐 죽겠다는 표현이 딱이었다.

아이들과 착 붙어 아이들 키우다 어느새 내 삶을 찾기 시작했다.

이제 좀 키워놓고 내 일을 시작해 볼까 할 때 병원 신세를 졌다.

첫째 아이 초등학교 3학년, 둘째 7살 때다.

둘째가 태어나기 전에 갑작스런 통증으로, 마트에서 쓰러져 119에 실려 가기도 하였다. 실은 한두 번이 아니었다. 대학병원에서는 바로 수술해야 한다고 하였으나, 자연치유주의인 나와 잘 맞아 오래 다닌 동네 주치의 선생님께서는 버티고 버티다 수술을 하는 것이 좋다고 처방해 주셨다. 내가 수술하게 될 줄은 정말 몰랐다. 다행히 은인인 친구 연주의 절친을 담당 교수님으로 소개받았다. 지인 찬스로 언제든 수술을 원하는 전날 미리 알려주면 그 하루 전 저녁 금식하고 다음 날 입원 수속하고 오후에 담낭절제라는 가벼운 수술 후 이틀 정도 입원 후 퇴원을 하기로 하였다. 그렇게 인생에 없던 수술을 받아들였다.

그 당시 2015년은 메르스로 인해 여러 병원이 집단감염 대비 폐쇄를 하였다.

메르스가 지나갈 때까지 수술을 미루려 하니 내 몸이 버티지를 못해 내 두 발로 응급실로 갔다.

병원이 정말 텅텅 비었다. 그 큰 대학병원 응급실에 나 포함 2명 더 있었다. 그날 응급실 담당의도 알고 보니 친정엄마와 가장 가까운 친구분의 조카며느리였다는 인연이 재미있다. 이제 수술만 하면 될 줄 알았으나 CT를 찍어보니 그사이 상태가 나빠졌다. 담석으로 담관이 막혀 담관이 손상되어 위험한 상황이었고 그렇게 될 때까지 난 내 몸을 보살피지 못했던 것이다.

다행인지 통증으로 먹을 것도 생각이 나지 않았지만 병원에 입원 직후부터 금식을 해야 했다.

3주간 나는 물 한 모금 마시지 못하였다. 우선 담관에서 담석을 꺼내는 ERCP라는 시술을 하고 회복하고, 또 ERCP시술 하고 회복하고 난 후 담낭절제 수술하고 시술 후 통증과의 나날로 버텨왔다.

순식간에 살이 10kg 가까이 사라졌다.

그때 생각해 보지 못한 경험을 하게 되었다.
유난스럽게 소중한 내 아이들이 내가 아파 죽겠으니 눈에 밟히지 않게 되었다.
둘째를 낳고 조리원에 있을 때 난산으로 고생하고 아버지가 갑자기 입원을 하셨다는 상황 속에서도 우리 첫째가 밟혀 눈물을 흘리고 오롯이 첫째 생각만 하고, **자식이 세상 귀했던 내가 내 몸이 더 중하다는 것을 알게 된 순간이다.**

또 하나 이날 이후로 세상 가장 멋진 나의 남편에 대한 콩꺼풀이 벗겨지기 시작했다.
아주 사소한 것으로다.
나를 휠체어에 태우고 화장실로 이동하는데 5m도 안 되는 거리를 등속으로 가지 못하고 코너에서 덜컹해서였다. 회사를 다녀온 후 좁은 보호자 침대에서 잠을 청하다 몸을 뒤척이는데 그 뒤척이는 소리가 귀에 거슬려서이고, 나는 물 한 모금 못 마시고 아파 죽겠는데 남편이 물을 마시는 모습을 봐서다. 남편도 아내인 내가 안쓰러워 잘 먹지도 못했는데 말이다.

남편은 지금도 나에게 약손이다. 어려서 배 아프고 속상할 때 할머니 무릎을 베고 누우면 나를 토닥토닥 문질러 주면 내 모든 아픔과 시름이 사라지는 그런 약속이다. 주변인들에게도 인정받을 만큼 성품도 좋으며, 나와 아이들에게 유쾌하고 자상하고 온화하다. 지금도 이런 남편은 없긴 하다. 그런데도 내가 아프니 모든 것이 다 귀찮아지게 되었다.

아픈 것이 힘들고 두려웠다.

남편이 없으면 큰일 날 것 같던 내가 남편도 만사 귀찮게 되었고 어차피 통증은 혼자 겪어야 하므로 혼자 병실에 있는 것이 편했다.

그리고 신기한 것이 병실 환자분들이 남편보다 더 편해졌다. 같은 병실에는 할머니들이 많이 계셨다. 그 어르신들께서 아주 날카로워진 나를 데리고 산책을 하자 하셨다. 내 아무리 날카로워도 어르신이라 뭐라 하지 못하고 복도를 거닐려 어떻게든 몸을 움직였다. 잠깐이라지만 함께 걷는 동안 할머니들께서는 뭐라 하지 않으시고 그저 덕담과 관심을 듬뿍 주셨다. 할머니도 노쇠하고 편찮으시지만 젊은이가 힘들어하니 딱한 마음에 돌보아 주셨던 거다. 동병상련. **그렇게 서로가 돌볼 수 있었다.**

그리고 물 한 모금 못 마신 채 3주가 되어가니 체력이 바닥이 나서 병실을 옮겼다. 절제 수술을 해준 교수 친구가 회진하기 더 편한 곳인 암 환자 병동이라 암 환자 동으로 옮기게 되니 처음에는 겁도 났다. 갑자기 내 몸도 급속도로 상태가 나빠졌다. 평소에 맡지 못하던 온갖 냄새가 다 역했다. 희한한 일이었다. 이젠 식사 허락을 받았음에도 입이 찌릿할 정도로 너무 써서 물 한 모금 넘기지 못했다. 밤에 빈속이 뒤집힐 때면 깜깜한 병실에 있기 답답해 휴게실로 나와 의자에 누워 TV를 보며 버티고 버텼다.

나만 있고 아무도 없는 공간에 반갑지 않게 젊은 환자분이 들어왔는데 이유 없이 짜증이 났다. 그래서 젊은 분께 짜증이 나니 이해해 달라고 날카롭게 말씀드리면 피할 줄 알았는데, 거리낌 없이 나에게 어디가 불편한지 물어보고 요즘 드시고 싶은 거 있냐고 물어보며 보살펴 주는 것이었다. 그리고 본인 병실에 먹을 것이 많으니 드시고 싶은 것 가져다 드리고 싶다는 측은지심을 보이셨다.

다 귀찮던 내가 그때 딱딱하지도 않고 물렁하지도 않은 복숭아가 떠올라 먹고 싶다고 하였다. 먹을 일이 없으니 그냥 편하게 말하였는데 젊은 분은 본인 병실에 있다며 집적 키워 딴 복숭아가 있다며 바로 먹을 수 있게 가져다주었다. 허참…. 희한하게 그건 삼킬 수 있었다. 복숭아 맛보다 **그 젊은 분의 호의에 지금 이 순간도 감사할 뿐이다.**

같은 병실 암 환자분들은 십여 년째 암이 재발하여 병원생활을 장기간 하시는 분들이었다. 머리카락도 없고 몸도 퉁퉁 부었고 혈관을 찾을 수 없어 목에 주삿바늘을 꽂고도 상당히 평온하셨다.

나는 큰 병도 아니면서 아프다고 힘들다고 날카롭게 하루하루를 버텼는데 그분들은 <u>조용히 고통을 담담하게 견디셨다</u>. 그리고 통증이 좀 사그라지는 순간에는 서로를 챙기고 얼마 전 입원했던 다른 환자의 죽음을 전하면서도 덤덤하게 살아 있는 현재를 더없이 밝은 모습으로 활기차게 보내시는 모습을 뵐 수 있었다.

정말 부끄럽지만 그 암 환자분들 앞에서 힘들다고 온갖 짜증은 다 부렸지만, 그 큰 병에 걸리신 한분 한분이 모두 내게 도움을 주셨다. 각종 큰 수술과 암 극복 썰을 이야기해 주시며 내게 위안을 삼도록 해주시고, 누구보다 활기찬 모습과 큰 병도 아닌 나를 위로해 주시는 아량이 신기했다. 입이 쓰다면 먹기 좋은 물을 알려주셨고, 나만 느끼는 간호사분 화장품 냄새로 역해하면 다른 간호사분이 와주십사 대신 말씀드렸고, 난소암으로 난소 제거수술을 마치고 막 회복실에서 일반병실로 도착하자마자 수술 후 통증으로 힘드실 텐데도 불구하고 식사를 못하는 나에게 혹시 뭐 먹고 싶은지 물어보셨다. 눈치도 없이 죽이 먹고 싶다고 하니 보호자인 청년 아드님께 "저 이모 죽 드시고 싶다니 어서 사다 그려라 어서~."라고 하시니 엄마 병간호하러 온 남의 집 귀한 아드님께 죽을 냉큼 받았다. 염치도 없이 정말 맛있게 먹었다.

그 덕에 첫 식사를 시작할 수 있었다. 보호자 없이 지내는 것이 더 편했고 3일 후에 퇴원하게 되었다. 퇴원 하루 이틀 전 내가 편안해지니 레지던트분들이 먼저 와서 인사를 건네주셨다. 내가 아파서 몸을 공처럼 말고 겁이 나서 무섭다고 어디 가지 마시라고 붙잡고 있고 엄청 피곤하게 굴었었다. 그 당시는 절박했는데 정신 들고 나니 미안한 일들이 마구마구 밀려왔다. 퇴원 전 제정신으로 마주치니 아직도 민망하긴 한데 나보다 한참 어린 그 선생님들의 너그러운 그 마지막 인사 덕분에 미소를 짓게 된다. **이런 베풂을 어디서 받을 수 있을까?**

입원한 3주 동안 나는 아이들에게 딱 한 번만 통화 전화했다. 전화가 와도 받지 않았고 아이들에게도 전화하지 말라고 당부했던 터다. 동네 아이 친구 엄마들이 우리 아이들을 관심 있게도 돌봐주었다. 부탁하지도 않았는데도 말이다. 우리 초4 큰아이 하교하면 하교한다고 지나가는 사진 찍어 내 카톡에 보내주고, 둘째 유치원에서 하루하루 보낸 아이의 일상을 톡으로 보내주니 정겹다. 고맙다. 물론 답 톡을 보낼 힘도 없었고 내가 아파 만사 귀찮았지만, **지금까지도 감사함이 올라온다.** 둘째 어린이집 시절 '키즈킹덤 엄마들 고마워요.' 속마음을 외친다.

하루는 우리 첫째가 멀리 발레학원을 가야 하는데 학원 셔틀을 놓쳐서 어찌해야 할지 몰라 했다. 엄마에게 전화하지 말라 했으나 그 순간 엄마밖에 떠오르지 않으니 혹시나 하고 전화를 내게 했다.
엄마인 내가 받았다.
진통제를 맞고 안정을 찾아 막 정신이 돌아온 순간이라 아이의 전화를 받을 수 있었고 학원셔틀 대신 버스를 타고 학원에 가는 방법을 알려줄 수 있었던, 딱 한 번 한 통화가 이때였다.

그리고 얼마 전 아이랑 이야기 나누다 첫째 아이가 그 순간이 정말 기적 같았다고 사춘기인 아직도 기적과 같은 행복감으로 남아 있다고 말해줘서 내가 잠깐 전화 받은 일을 떠올릴 수 있었다.

내가 느끼는 특별한 순간과 아이가 부모에게 느끼는 특별한 순간은 다를 것이다.
내가 기억하는 부모님을 우리 부모님은 기억하지 못하실 수도 있는 것처럼 말이다.

난 나의 첫째 아이가 나와의 그 특별한 순간을 말해줘서 고맙다.
그 특별했던 일을 나와 큰 아이가 나눠놓고도, 놓칠 뻔했던 소중한 순간들 그 공통의 분모를 기억할 수 있어서다.

아이는 애정만 주면 잘 자라는 것이 맞다.
부모가 아이를 위해 노력하는 지점과 아이가 부모의 사랑을 가슴 깊숙이 자리 잡는 순간은 아이만 알 수 있는 것이고 그 사랑은 본인이 알아서 잘 찾아 뿌리를 내릴 것이다.

가끔 드라마에서 막무가내인 진상 역할이 나오면 극적 요소를 위해 넣은 억지라고 생각했는데 병원에 입원한 동안 난 그런 극적 요소를 위해 나올 법한 행동이 나왔다. 내가 막무가내로 한 행동들 덕분에 다양한 나의 본성들을 볼 수 있게 되었다.

세상 고고한 줄 알고 살아오다 밑바닥을 드러내는 솔직한 경험을 현실 속에서 마주하고 인정하게 되는 과정을 내 건강을 잃은 후에야 호되게 배우게 되었다.

그때 상황을 떠올리면 분명 민망해야 맞지만 내 삶의 따듯했던 특별한 기억 하나라 가슴 따듯한 동력으로 자리 잡고 있다.

가치가 바뀌면 관계가 바뀐다

───── 특별한 것 없고 내세울 것도 없는 내 일상과 간혹 부끄러운 내 민낯을 이제는 부끄러울 수 있는 일이라는 것은 알지만 아무렇지도 않게 말할 수 있다.

내가 위의 에피소드를 10년 전에 풀어냈다면 분명 방향이 다를 것이다.

사실을 바라보는 시각보다 자기애와 방어기재가 쌓여 왜곡된 감정이 컸을 거다. 10년 전 나는 그랬으니까! 같은 사건을 두고 서러움과 불평이 가득한 자기연민이 컸으니 말이다.

지금 이 순간의 나는 갑옷을 아무리 두르고 있어 봐야 무거울 뿐이라고 느낀다.

그리 애써 나를 감싸 특별할 거 같던 단단한 갑옷이 없어도 나는 더 단단해졌다.

한 번씩 실수를 해도 감사함이 가득한 내 자신에 대해 지인뿐 아니라 오가며 마주치는 많은 분들의 베풂과 진심 어린 사랑 속에 무거운 갑옷을 내려놓아도 겁날 것 없고 편안함을 깔고 지낼 수 있다.

아파도 버티려는 갑옷, 부족함이 들켜질까 숨기려 애쓰는 갑옷, 무언가 잘해내야 하는 갑옷들을 하나하나 내려놓고 있다. 아직도 내려놓을 것들이 많을 것이다.

하지만 돌고 돌아 『살며 사랑하며 배우며』 책을 시작으로 삶을 통해 어느 부분에게 깊이 머물고 고민하고 깨우치며 배우고 내 것을 자연스레 풀어내며 무장 해제되니 더욱 담백해졌다.

전처럼 나를 누른 채 아주 애쓰며 살지 않아도 충분히 오늘도 값지고 최선을 다했음을 나는 안다.

감정은 사실과 다를 수 있다.

사실과 다른 그 감정을 살펴 나를 잘 돌보며 있는 그대로의 나를 토닥여 준다. 다른 사람을 사랑하고 소통하는 행복과 내 자신을 있는 그대로 사랑하는 행복이 더 크다.

무엇인가 하고 싶다면
무엇인가 하고 있어야 한다

───── 오늘도 '살며 사랑하며 배우며' 또 사랑한다. 길가에 피는 들꽃에게 배우고, 어린 조카에게 배우고, 문제 발생과 갈등상황이 나의 인생을 더 깊게 성장시키는 과정이라고 경험으로 익혔다.

매 순간 세상 안에서 배워나가야 하기에 계속 겸손해진다.

주변 환경은 귀한 선물이다. 힘든 날은 힘들게 견뎌내며 정답 없는 지혜를 구하며 감성코칭을 수련하고 지낸다. 앞으로 5년 10년 후의 같은 사건에 대한 나의 해석이 어떻게 달라질지 나는 궁금하다. 지금 이 순간 감사하고, 미안하다고 사과하고 싶고, 사랑하시라고 전하고 싶다.

사람이기에 완벽할 수 없다. 당연하다.

부족함은 배움으로 채워나가며, 세상일이라는 것이 한 번에 척척 되는 것 없으니 한발 한발 정진하다 여러 길을 더불어 걷고 싶다. 더불어 살아가는 공동체의 힘. 내가 '살며 사랑하며 배우며' 사람에 대한 철학은 퍼실리테이션의 철학 '사람은 기본적으로 현명하고, 올바른 일을 할 수 있으며, 또 그렇게 하고 싶어 한다', 또한 '모든 사람은 선하다'이다.

지금 이 순간은 이 책 속 함께 만나는 8명의 감성코칭 강사인 우리 미통부모교육연구소분들과 그리고 글을 통해 **'작은 일도 최선을 다하면 세상이 바뀐다는 최현주'를 만나는 여러분들과 있는 그대로를 존중하는 공동체 속에서 사랑을 전한다.**

그래서 내가 이 순간 사랑받은 특별한 순간들로 가슴 가득 자신감과 행복이 가득하듯 모든 분들에게 **사랑받은 기억을 떠올려 지금 이 순간 미루지 말고 잠시 사랑 가득한 순간에 머물러 보시라고 전하고 싶다.**

나와의 관계가 유해지니 주변 다른 이들과의 관계도 더없이 편해진다. 어떤 상황에서라도 나를 괴롭히는 일인자가 내가 되지는 않고 싶지만 그렇게 되더라도 충분히 괜찮다.

살면서 사랑하며 배우면서 깨닫는 것들을 꾸준히 성찰하고 더 감사하게 나를 아끼고 사랑 넘치게 지내려 한다.

혼자서 하는 것보다 더불어 함께 성장할 수 있으면 나와 우리의 인생이 더 풍성할 수 있다. 함께 성장할 동반가족과 다양한 분들과 함께 부딪히며 배우며 살아가는 재미가 달달하다.

같은 가치관_{감성으로 뭉친 우리들}을 가진 분들과의 공동체라서일까?

세상 풍파가 몰아치면 우리 미통선생님들에게 어리광을 부리고 위로받고 애정 속에 성찰하며 스스로 딛고 일어서는 사랑이 커지며 4년을 함께하고 있다.

그 사이 우리 공동체 구성원들은 항상 그 자리에서 나날이 성과를 내고 있다. 미통부모교육연구소 카페를 지키는 이신애 선생님, 묵묵히 자리를 지키며 사람들의 성공을 돕는 코칭 전문가 이상목 선생님, 처음 시작하는 사업이 나날이 번창하여 우리 공동 통장에 한 번씩 보너스를 넣어주는 우명숙 선생님, 컬러 분야의 핵심인재로 성공한 우민정 선생님, 여러 권의 도서출간을 하신 손금례 선생님, 상담을 사랑하고 끊임없이 공부하는 정미라 선생님, 박사학위를 받은 후 인권과 법의 전문인재로 역량을 펼치는 박혜영 선생님, 미통 안에서 교수님이라 불리며 아낌없이 베푸는 이용재 선생님, 기대나 의도한 적이 없음에도 퍼실리테이터로서 전보다 더 다양한 분야에서 퍼실리테이션을 펼칠 기회가 많아지는 나. 미통부모교육연구소라는 울타리 속에서 9인 각자의 삶을 살아가며 자신의 속도로 성장하고 서로를 응원하고 사랑을 나누고 있다.

이분들과도 4년의 인연 중 직접 만난 것은 손에 꼽을 정도다. 대신 온라인으로 정말 자주 만났다. 하루에 두 번도 만나고 매일도 만나고 일주에 한 번씩 최근에는 한 달에 한 번씩은 만나 관계를 맺으며 내 안에 특별한 순간에 함께 하는 분들이 되었다.

자기 자리에서 각자 성공하고 있음에도 여전히 함께하고, 어딜 가도 서로를 생각해 주는 애정은 나를 매일 감동의 감정을 느끼게 한다.

오전에만 잠시 만나고 헤어질 계획으로 번개 워크숍을 열면 새벽에 해장국집에서 모여 시간가는 줄 모르고 울고 웃으며 서로의 깊은 마음과 의지를 나누다 하루해가 저물어 간다.

이토록 나에게 관계와 성장의욕을 함께해 주는 이들이 있으면 세상 든든한 갑옷과 아름다운 궁전이다. 나에게는 미통부모 내가 나의 부모가 되다 교육 연구소 공동 대표분들이 있다는 것이 선물이다. 이런 마음을 더 많은 분들과 더 많이 나누고 싶다.

각자의 자리에서 하루하루를 귀감이 되도록 살아가고 말하는 것들은 실현해 내는 어벤저스와 같은 이들의 긍정 에너지 덕분에 오늘도 가슴 벅찬 힘을 샘솟게 한다.

이건 마치 매일 최첨단 갑옷을 입는 것과 같다.

우리끼리는 감성으로 만난 덕분이라고 생각한다.

코로나로 9인의 공동 대표분들을 만나고, 메르스로 병원 가기를 기피할 때 내 발로 응급실을 찾아가 병상 생활을 하고, 멋 모르고 장애인과 친분을 맺고, 남들 관두는 노동 알바로 짜릿한 경험을 하고, 무엇을 하고자 계획하고 애써 만든 것이 아닌 나의 선택에 의해 욕심 없이 즐기며 감사해 하니 열심히 하며 사랑할 수 있는 특별한 순간들이 아무도 눈치 채지 못할 보석을 발견하는 순간으로 내 삶에 다가와 있다.

설레는 순간 준비해라,
당신이 어떤 보석인지 모르니

─── 내 부모님은 기억 못 할 나에겐 특별한 순간에 넘치게 받은 사랑으로 오늘도 잘 지내고 있고, 그 덕분에 사랑을 나눌 수 있는 화수분이 될 수 있다.

내가 병원에 입원한 기간 나와 통화한 것이 행복했던 순간이었다고 얼마 전 나의 첫째 아이가 말해주지 않았다면 나는 아마 병원에서 나의 아이와 통화한 적이 없었다고 생각했을 수도 있다. 그리고 그 전화 한 통화가 나의 첫째 아이에게 그렇게 특별한 순간이 되었을 것이란 것을 평생 몰랐을 것이다.

내가 첫째 아이에게 기적 같은 행복을 주기 위해 부모로 노력하고 전화를 받은 것이 아니었음에도 내 아이는 자신의 사랑을 잘 받아가고 채우고 있다.

고맙고 기특하게도!
내가 초등학교 3학년 첫영성체 준비 중 가장 고운 화관을 쓰거나 핀을 하나 더 꽂지 않았어도 이미 나는 세상 가장 특별한 화관을 쓴 것처럼 **특별한 순간을 손에서 놓지 말고 매일 선물 같은 일상을 기억하고 마음으로 되살려 어떤 것도 잘 지내시길 진심으로 바란다.**

이미 충분히 소중한 존재이기 때문이다.

크나큰 사랑을 받았음에도 자신이 아직 깨닫지 못했을 뿐 세상은 이미 당신을 사랑하고 있고 앞으로 더 큰 사랑이 당신에게 준비되어 있기 때문이다.
감사와 사랑이 가득해 자신감이 있다고 생각했지만, 내가 빛나는 보석이라고는 느껴보지 못했다. 하지만 이젠 보석보다 빛나는 존재가 나라는 것을 깨달았다.
깨닫고 나니 빛나는 순간순간들을 그때 상세히 기록하지 못한 아쉬움이 있다. 이런 아쉬움을 대신해 이 글로 표현하는 이 순간이 소중하다. 나의 글을 읽는 분들의 **빛나는 오늘 누군가에게 충분히 귀감이 될 만한 삶이라는 것을 나는 확신한다.**

아름답게 빛나는 보석보다 더 소중한 당신을 응원하는 진심을 담아 나의 사랑을 전한다.

救　　通
미·치·면 통·하·는 마·법

왜 감성지능인가?

─── 나는 사랑하는 아내의 남편이고, 귀염둥이 두 아이의 아빠이다. 그리고 늘 사랑으로 품어주시는 어머니의 아들이다. 삶을 지탱해 주는 에너지의 근원인 가족과 함께 알콩달콩 살아가는 것이 행복하다.

집 밖으로 나오면 다양한 사람들을 만나고, 함께 일한다. 그리고 그들로부터 다양한 이름으로 불리운다.

돌아보면 지금까지 수많은 사람들을 만나고, 함께하며 즐거웠고, 행복했다. 그리고 온 힘을 다하여 함께 고민한 일도 있다. 때론 오해가 쌓여 마음에 상처를 주고받은 일도 있다. 주먹다짐으로 싸움을 할 때도 있었고, 분이 풀리지 않아 마음속에 오랫동안 담아둔 사건도 있다.

  살아가다 보면 마음이 덜 맞는 사람도 있을 수도 있다. 이해가 잘 되는 사람도 있고, 이해가 잘 되지 않는 사람도 있다.

  위와 같은 일이 비단 나에게만 더 특별하게 다가와 일어난 사건들은 아니라고 생각한다. 누구나 살아가면서 사람들과 부대끼며 일어나는 아주 평범하지만 상대에 따라 아주 가볍게도 느낄 수 있고, 때론 아주 무거워 견디기가 힘들 수도 있다.

  누군가 말했듯 나도 남편이 처음이고, 아빠가 처음이어서 영 서투르다. 아내와 소통이 잘 되었다고 생각했는데, 그렇지 못한 일들이 종종 있다. 아이들과도 그렇다.

  서툴지만 용기를 내어 나의 마음을 가족에게 솔직하게 표현하려고 노력한다. 아내에게도 원하는 것과 감정을 표현해 달라고 조심스레 이야기를 하곤 한다. 잘 알아들을 때도 있고, 그렇지 못할 때도 있다. 그럴 땐 솔직히 이해되지 않음을 표현하고, 다시 나의 감정과 마음을 수정하는 일을 반복하고 있다. 아이들에게도 마찬가지이다. 아이들이 기쁘고, 즐겁고, 행복하고, 슬픈 일을 표현하면 나도 아이들의 입장이 되어 공감하고자 노력한다.

  사실은 최근 언제부터인지 간혹 속상한 모습으로 집으로 돌아오는 아이들에게 왜 그러냐고 물어보면 '지금은 말하고 싶지 않다'며

방으로 쏙 들어가는 뒷모습을 보면 해줄 것이 아무것도 없는 나는 어쩔 줄 모르고 문밖에서 빙빙 돌 뿐이다. 벌써 이렇게 컸나 하는 생각부터, 혹시 싸우고 왔나···. 선생님께 혼났나···. 수많은 무슨 일일까를 상상하게 된다. 비단 나만 그런 것이 아니라 자녀를 둔 모든 부모가 다 그럴 것이다.

  감성지능은 물과 같다.
  물은 용기에 맞추어 모양을 변화시킨다.
  감성지능도 그러하다.
  물이 다양한 모양의 용기에 맞추어 변화하듯 먼저 다양한 나의 마음을 이해하는 시간이 되었다.
  그리고 상대방의 감정을 이해하려고 노력하니, 나만의 감정에 빠져 거칠게 소통하던 모습에서 좀 더 긍정적 요소를 동반하여 건설적으로 소통하고 있는 나의 모습을 발견하게 되었다.
  그래서 감성지능이다.

부모님의 따뜻한 사랑

───── 7살 때 일이다. 동네 형, 친구들과 놀다가 우르르 몰려 오락실에 처음 갔다. 집에 돌아와 아버지를 보자마자 큰 길가에 오락실이 있다고 말씀드리고, 졸라서 함께 간 일이 있다.

그곳에서 '인베이더'라는 게임을 처음으로 했다. 목표물이 좌우로 움직이며 순차적으로 내려와 공격을 하고, 나 또한 좌우로 움직이며 목표물을 공격하는 게임인데 목표물이 맨 아래까지 오기 전에 모두 폭파시키는 게임이다.

게임을 몇 번을 했는지, 그곳에 얼마나 머물렀는지는 기억나지 않는다. 다만, 아버지께 함께 가자고 다급하게 졸랐고, 아버지는 함께 그곳에 가주셨다. 그리곤 내 뒤에 계시던 기억이 생생하다. 아버지와 함께 갔으니 신나게 게임을 했던 기억이 난다.

어릴 적 아버지께서 함께해 주셨던 그 든든함이 따뜻한 기억으로 남아 있다.

그리고 그 따뜻함을 선물해 주신 아버지께 감사하다.

어느 순간부터 마음을 구체적으로 표현하기가 어려웠다. 마음 표현이 어려우니 행동도 어색하였다. 그 누구에게도 자연스러운 행동이 되지 않았고 마음과 몸이 따로 노는 느낌이 꽤 오랜 시간 지속되었다. 그때부터였을까 사람들 주변에서 서성이고 있는 나를 발견할 수 있었다.

마음으로는 원함이 가득한데 어떻게 해야 할지 몰랐던 시기였다.

초등학교 시절 이야기를 하고 싶다. 그때는 몰랐지만 지금까지 기억이 나고 이 순간까지 그 사건을 말하고 있는 나는 아직도 감정의 회복이 덜 되었나 보다. 여기서 이야기하는 것으로 묵은 감정을 훌훌 털어버려야겠다.

가을 운동회를 마치고 친구 어머니와 친구 그리고 어머니와 나 이렇게 학교 정문 앞에서 이야기를 하다가 갑자기 친구와 달리기 시합을 하게 되었다.

'저기 전봇대까지 달려갔다가 돌아오는데 이기는 사람에게 선물을 줄게'

갑자기 뛰기를 제안하시는 어머니들…. 갑자기 뛰기를 하게 된 친구와 나…. 선물을 받고 싶은 욕심에 열심히 뛰었고 전봇대를 돌아 엄마들이 있는 곳까지 가슴이 터지도록 열심히 뛰었었다. 그리고 기분 좋게 이겼다.

'이겨서 상을 받는데 무언가 이상하다.'

상으로 조립식 로봇을 고르는데 어머니의 권유로 친구보다 훨씬 작은 크기의 상을 받았다.
마음에 스크래치가 주르륵, 주르룩 생기는 순간이었다. 이겼는데 작은 선물을 받는 것에 대한 속상함이 커도 너무 컸던 것이다.

지금 생각해 보면 어머니의 마음도 헤아려진다.
내 아들이 이겼는데, 상을 넉넉히 주지 못하는 당신의 마음은 어땠을까.
물론 겉으로는 표현하지 않으셨지만, 그 당시에 어머니를 생각하면 가슴이 아려온다.

당시 어머니께서는 무엇이든지 부족했던 시절을 보내시고, 결혼과 동시에 상경하셨다. 그리고 "눈 뜨고 코 베인다."는 말처럼 서울살이를 혹독하게 겪고 계신 시기였으리라.

시집온 직후부터 살아가기 위해, 살아내기 위해 온갖 일을 하며 성실히 살아오신 어머니의 마음을 이젠 이해할 수 있다.

그리고 자녀를 향한 어머니의 사랑에 깊이 감사드린다.

친구 아버지의 턱수염

───   초등학교 때 일이다. 친구 집에 놀러 갔었는데 친구 아버님께서 부드러운 목소리로 인사해 주시며 친절하게 맞이해 주셨다.

얼마쯤 시간이 지났을까. 친구 아버님이 우리에게 다정하게 다가오셔서 당신의 턱수염으로 친구와 나의 얼굴에 대시고 벅벅 문대주셨다.

어색했지만 그 껄끄러움과 따가움이 따뜻함이 되어 오래도록 기억에 남는다.

지금도 어릴 적 따뜻했던 이야기를 해보라고 하면 서슴없이 '친구 아버지 턱수염' 이야기를 한다.

무슨 감정의 교류가 있었던 것일까?

우리 아버지는 아침에 회사에 출근하시고, 퇴근하신 후 특별한 일이 없으면 집 근처 선술집에서 친구분들과 오순도순 막걸리를 드시고 늦은 시간 귀가하셨다. 다음날도 그다음 날도 그러했다.
그러다 보니 아버지의 정겨움에 목말라 있었나 보다. 친구 아버지의 다정한 음성 그리고 턱수염을 벅벅 얼굴에 문대주시던 기억이 따듯하게 남아 우리 아이들에게도 가끔 해본다.
아이들과 아내에게 알맞은 표현으로 상황에 맞추어 소통하는 아빠이자 남편이고 싶다. 이제까지 내 안의 감정이 해결되지 못했거나, 감정을 잘 알지 못해서 표현하지 못했을 수 있다. 그리고 환경과 사람 사이에서 표현하는 방법이 서툴러 표현하지 못했을 수도 있다.

가장 아쉬운 것은 감정을 전해야 할 그때 전하지 못하고 기회를 잃어버리는 것이다.

나의 감정을 있는 그대로 이해하고 받아들이고, 행동으로 그 감정을 상황에 맞추어 바람직하게 표현할 수 있으면 좋겠다.
그러면 감정의 소통이 이루어지고, 서로를 이해하는 마음의 변화와 행동의 변화를 긍정적으로 이루어 낼 수 있다.

몸+마음=건강

───── 우리는 모두 일정한 체온을 가지고 활동하고 체온의 변화에 따라 좋은 컨디션을 가질 수도 있고, 그러지 않을 수도 있다. 때론 체온이 너무 높거나 낮아져서 생명에 지장을 줄 수도 있다.

이렇듯 체온은 우리의 건강을 측정하는 바로미터 barometer 이다.

체온만 가지고 단정 짓기는 무리가 있으나, 무엇보다 중요한 것은 우리 몸은 온도를 올리고 내리며 스스로 면역을 가질 수 있는 시스템이 작동한다는 것이다.

이렇듯 우리는 체온을 적절하게 유지하며 육체의 건강을 유지한다.

그렇다면 마음의 건강 즉, 마음의 면역력을 가지려면 어떻게 하면 될까?

마음의 건강과 관련하여 두 가지 기억이 있다. 첫 번째는 초등학교 3학년 생일날이다. 학교를 다녀왔는데 집에 아무도 없고, 마루 문까지 닫혀 있었다. 이상하다 여기고 집 안과 밖을 어슬렁거리며 엄마를 기다렸는데, 한참을 지난 후에 동생이 옥상에서 놀다가 떨어져 동생과 함께 어머니가 급히 병원에 가셨다는 것을 알았다.

결국 동생은 턱뼈를 다쳐 어린 나이에 턱 수술을 하고, 치아 교정하듯 철사같이 생긴 줄로 치아를 위아래로 꼭꼭 묶어 고정하고 나타났다. 나는 매우 당황스러웠고, 마음을 어찌할 줄 몰랐던 기억이 있다. 동생은 꽤 오랜 시간 우유만 먹어야 했고, 턱에는 큰 상처가 남아 동생을 볼 때마다 마음 한구석이 아렸다.

두 번째는 6학년 생일 때이다. 친구들과 야구를 하러 넓은 공터에 갔다. 그리고 야구놀이를 하였다. 내가 수비를 볼 때의 일이다. 높이 뜬 볼을 잡으려고 공이 떨어지는 방향에 바로 서서 글러브를 활짝 펴고 공을 잡으려고 했는데…. 공이 나의 눈에 딱 떨어졌다. 퍽 소리가 나며 순간적으로 눈을 부여잡았고, 통증을 느끼게 되었다. 이렇게 말하는 것이 적절한지 모르겠지만 '눈탱이가 밤탱이'가 되었다. 집으로 어떻게 돌아왔는지 어머니께 어떻게 상황 설명했는지는 기억이 나질 않는다. 두 사건은 나에게는 커다란 충격이었다. 나에게 특별한 날에 이런 일들이 생긴 것에 대해서 마음 한구석에 석연치 않음이 있었다. 지금은 피식하고 웃을 수도 있겠지만 어릴 적에는 '악마의 저주가 나에게 내렸나' 라는 생각도 했던 적이 있었다. 그 후 욕구를 부모님께 말씀드려도 부모님께서는 긍정적이지 않은 답변을 지속적으로 하셨고, 그 답변을 들은 나의 마음은 자꾸만 작아지고 또 작아졌다.

그 때문인가 어느 때부터인지 나의 마음을 표현하는 것이 잘 되지 않았고, 누군가가 '너 어떻게 할래?'라고 선택을 하도록 질문을 하면 선택장애 현상이 여지없이 나타나곤 했다. 나의 마음 욕구가 해결되지 않으니 답답함이 쌓여, 초등학생인 내가 수시로 한숨을 쉬는 어린이가 되었다. 지금 생각하면 어린애가 세상 짐 다 진 듯 한숨을 쉬고 있으니 어른들이 볼 때 얼마나 한심했을까…. 그렇게 나도 모르게 습관이 되어버린 한숨….

'난 내가 한숨을 쉬는 줄도 몰랐다. 누군가 말해주기 전까지는.'

지금 생각해보니, 이러한 것들이 쌓이자 마음 아프게도 자신감을 잃게 되었고, 삶의 생기마저 잃어가고 있었다.
나의 마음을 이야기해야 할 상황에서 하지 못하고 침묵 또는 실소, 회피하였다. 사람들은 이런 나를 이해하기 어려워했다. 살아가다 보면 누구나 자신의 한계치보다 더 큰 어려움을 겪기 마련이다. 그런데 누구는 잘 이겨내어 그 어려움이 성공의 발판이 되고 어떤 이는 그러지 못한 경험을 하고 있는 것을 주변에서 발견하곤 한다.

나는 어떠했는가?

어릴 적에는 그냥 그래야 하는 줄 알았다. 내가 하고 싶은 것을 찾지도 못하였고, 하고자 하는 일도 응원을 받지 못하는 경우가 많았다. 그것을 스스로 할 수 없어 포기를 몇 번 하였더니 나의 마음은 점점 작아졌다. 그리고 내 영혼의 에너지 불씨가 꺼져가고 있었다.

예전의 일들이 마음에서 올라오면 그때의 감정으로 돌아가 '그때의 내 느낌과 감정'을 생각해 보자.

"생일인데 신나고 축하받아야 하는데, 동생은 다치고 나는 야구공에 맞아 눈탱이 밤탱이 되고….
뭔가 중요한 일이 있을 때마다 내가 넘기에 힘겨운 허들이 나를 기다리고 있었다."

그 당시의 마음으로 돌아가 보자.

사실 동생이 다쳤을 때는 불안했다. 나 때문인가 했다. 어린 나이에 불안한 마음을 나의 책임으로 돌리려고 했던 것이다. 야구공에 눈이 맞아 눈탱이가 밤탱이가 되었을 때는 모든 게 다 싫었던 느낌이다. 숨어버리고 싶었다. 이러한 상황에 미쳐버리고 말 것 같았다. 어린 나이의 일인데 큰 충격에 잊지 못하고 있는 사건들….

'내가 재수가 없어서 이런 일이 자꾸 벌어지는구나.' 하는 생각이 들었다. 그리고 무기력감에 빠졌고 몸에는 에너지가 하나도 없었다.

가족의 마음은 어땠을까?
어려운 살림살이에 아들이 요구하는 것들이 힘겹지는 않았을까?
아들의 생일 때마다 우환이 들어 속상하지 않으셨을까? 크고 작은 우환이 들어도 상황에 휘둘리지 않으시고 아들 건강하게 잘 자라라고 수수팥떡을 매년 거르지 않고 해주시는 어머니의 그 마음도 쉽지는 않았을 것이다.
적어도 나의 감정과 부모님을 바라보는 감정은 그렇다.

같은 상황을 가지고도 개인의 상황에 따라 다양한 감정을 느낀다.
앞에서 나는 감정을 제대로 알지 못했기에 긴 시간 상황에 이끌리어 무기력하게 지낼 수밖에 없음을 알게 되었다.
그러한 감정들을 극복하고, 긍정적인 감정들을 키워가고자 지금도 노력하고 있다.

이렇게 감정을 알았을 때, 나 스스로와 대화를 해본다.
'상목아 그때는 너무 힘들고 무기력했지? 그리고 긴 시간이 지났구나. 그땐 너무 어렸고, 상황에서 벗어날 수가 없어서 그랬어. 지금은 다르잖아 이젠 내 스스로 결정하고 에너지 넘치게 생활하고 있잖아~. 힘내렴'

지금 돌아보면 어린시절의 성공경험이 인생을 살아가는 데 진정한 에너지인 것이다. 작은 성공이든 큰 성공이든 내가 경험한 그 성공경험이 쌓여서 자신감 있는 인생을 살아갈 수 있다.

작은 것이라도 꾸준히 성공경험을 만들자.
그러면, 자신감과 함께 균형과 조화를 이루는 삶을 시작할 수 있다.

아버지의 선물

―――― 초등학교 3학년 어느 주말 아침.

햇살이 좋은 그날 아버지에게 두발자전거를 선물 받았다.

내가 타기에는 좀 컸던 그 자전거….

얼마나 좋았던지 안장이 높아 앉을 수도 없던 그 자전거 페달에 한 발을 올리고 신나게 끌고 다녔다.

그 후 얼마나 지났을까….

자전거 안장에 앉아 페달을 구르며 달릴 수 있게 되었다. 그때부터 자전거를 타고 약수터도 가고, 친구 집에도 가고, 이웃 동네도 갔다. 바람을 가르고 씽~달리는 그 상쾌함, 내리막길에서 쉬~~익 하며 핸들을 틀어 빠르게 회전에 성공했을 때의 그 만족감은 최고였다.

아버지가 된 지금…. 아버지께 기억에 남는 선물을 받았듯 우리 아이들에게도 오래 기억에 남는 선물을 주어야겠다 생각했다.

어렸을 때 벽이나 냉장고에 포도송이모양, 사과모양에 스티커를 붙였던 기억이 있는가?
어렸을 때 스티커를 다 모으면 선물을 받았던 좋은 기억이 있다.
그래서 나는 영진이와 '별나무'를 만들기 시작했다. 영진이가 직접 좋아하는 모양을 만들고 생활 속에서 성취를 할 때마다 '별'로 시상을 했다. 아주 작은 생활의 변화에서부터 칭찬을 하려니 영진에게 관심이 더 생겼고, 평소 영진이가 말하는 것, 행동하는 것, 밥 먹는 것, 씻는 것, 학교에서 즐거웠던 일 등 눈이 마주칠 때마다 상황에 맞추어서 관심의 표현을 했고, 엄지를 높이 들어 지지를 해주었다.

영진이가 첫 번째 별 10개를 모았을 때, 편지봉투에 짧은 칭찬의 글과 1,000원을 상으로 주었다. 아직 초등학교 3학년인 영진이는 매우 흡족해했고, 특유의 미소와 엄지를 높이 들어 기쁨을 표현해 주었기에 행복했다.
영진이가 좋은 태도로 언어를 사용할 때, 가족 또는 친구를 도와주었을 때, 목표를 성취했을 때 등 다양하게 시상을 했다. 몇 주가 지나지 않아 영진이의 태도에 긍정적인 변화가 나타났다. 퇴근하며 들어가면 건성으로 인사하던 영진이가 문 앞에 나와서 인사를 하고, 내가 일을 할라치면 보조 모니터를 들고 설치를 도와준다. 학교에서도 변화가 일어나기 시작했다. 1학년부터 학교 가기 싫어하고, 친구도 없이 늘 심심하게 혼자 앉아만 있던 우리 영진이가 학교를 지각하지 않으려고 노력하였고 이러한 변화로 인해 4학년 2학기에는 학급 회장선거에 나가 친구들의 지지를 받아 당선되어 처음으로 리더로의 경험을 하게 되었다.

가장 큰 변화는 아이들도 나를 평가하고 칭찬해 주고 칭찬나무에 별을 그리고 10개를 채우면 편지와 함께 거금 1,000원을 시상해 준다는 것이다.

물론 현재는 아빠인 내가 별을 수도 없이 많이 주고 아이들은 매우 짠돌이처럼 준다. 하지만 서로서로 좋은 점을 찾는다는 점에서 매우 긍정적이다. 요즘은 별 20개씩 모으면 편지와 함께 이모티콘을 선물해 준다. 아이들과 가족 단체방을 만들어 이모티콘으로 서로의 감정을 공유하고, 대화하는 것도 아주 즐거운 일이다.

5학년이 된 희진이는 4학년 1학기와 2학기 때 학급 회장선거와 5학년 1학기 학급 회장선거에서 몇 번의 재선거 끝에 근소한 차이로 낙선을 경험했다. 4학년 때 낙선에서는 감정을 잘 표현할 줄 몰라서 담담히 넘어갔으나, 5학년이 되어서의 낙선은 무척 속상한 사건이었고, 희진이가 스스로 감정을 다스리기에는 너무 큰 일이라서 어쩔 줄 몰라 했다. 그 모습을 바라보고 있는 나의 마음도 아팠고, 위로를 해주었지만, 위로가 쉽게 받아들여지지 않는 모양이었다. 그리고 어린 희진이에게 세 번의 실패는 앞으로의 삶에 큰 영향을 줄 것이라는 생각이 들었다. 그래서 가능한 한 빨리 성공경험을 하도록 도와주어야 했다. 솔직히 한시가 급한 일이라고 생각했다.

마침 학교에서 전교부회장 선거가 있었고, 희진이가 선거에 나간다는 것이다. 우리 부부는 응원하였고, 아내는 선거 홍보물 만드는 것을 도와주고, 나는 연설하는 것을 도왔다. 그리고 영진이는 "누나 잘해."라고 말하며 엄지를 높이 들어 응원해 주었다. 우리 부부는 선거 당일에 희진이에게 부회장에 선출될 수도 있고, 그렇지 못할 수도 있다고 담담하게 말해주었지만, 내심 당선이 되어 성공경험을 하면 좋겠다 싶어 기도하는 마음으로 등교하는 뒷모습을 바라보았다.

늦은 오후에 희진이에게 전화가 왔다.

"아빠! 나 부회장 되었어. 개표하는데 정말 가슴이 쫄렸어." 하며 기뻐하는 함성이 전화기에서 흘러나오는데 나도 함께 소리를 지르며 기뻐했다. 그리고 저녁에 함께 모여 식사를 할 때 할머니께서 저녁 식사와 축하금을 준비해 주셨다. 나는 영진이와 함께 꽃다발을 준비했는데, 영진이가 "우리 누나가 전교부회장 돼서 사는 거예요."라며 꽃집 사장님께 당당하게 말하는 모습에서 누나를 자랑스러워하는 모습이 드러났다.

그리고 외삼촌, 고모, 고모부 사촌오빠와 언니, 동생 등 온 가족이 함께 축하해 주었다.

우리 가족은 한 달 동안 '부회장님'으로 부르기로 약속하고, 부회장님을 잘 모셨다. 희진이가 이루어 낸 성취는 지난 세 번의 학급

회장선거의 낙선을 한꺼번에 날려버리는 성취였고, 외부적 환경에서 스스로 만들어 낸 성취이기에 더욱 소중했다.

이러한 누나의 영향을 받아. 2학기에는 학급회장에 스스로 나가서 성취를 이루어 낸 영진이도 도전을 이루어 낸 좋은 예이다.

사실 아이들을 키우다 보면 다양한 사건들이 있다. 그중에 감정의 단절이 있을 때 가족 구성원들끼리 서로 어색해지고, 서로의 감정에 서운함이 생긴다. 서운함은 오해로 오해는 갈등으로 갈등은 더 큰 갈등과 싸움으로 이어진다. 아이들이 감정을 보이는 그때가 더없이 아이들과 대화를 시작하기 좋은 때이다. 우리 아이들은 부모인 우리에게 말하고 마음을 마음껏 표현할 수 있어야 한다.

우리 아이들이 기쁨, 즐거움, 슬픔, 화남의 감정을 부모인 나에게 맘껏 표현하지 못한다면 어디 가서 표현해야 할까?

가정은 충분히 자신의 감정을 조율하고 표현 연습을 하는 연습장이 되어야 한다. 그러하기에 가정에서 충분히 감정표현 연습을 할 수 있도록 돕고 지지해 주어야 한다.

희진이가 초등학교 1학년 때 집 근처 쇼핑몰에 가서 쇼핑을 한 적이 있었다. 희진이의 장난감을 사기 위해서 간 것인데…. 문제가 생겼다. 희진이가 자신이 가지고 싶은 것을 선택해야 하는데 고르지 못하는 것이다. 한참을 고르다가 희진이에게 제안을 했다. "갖고 싶은 것을 모두 담아볼까? 인형도 담고, 소꿉놀이도 담고…."

다양한 장난감을 담았다 내려놓았다를 반복했다. 오후 7시에 쇼핑몰에 들어가서 11시가 다 되어서야 장난감 하나를 골라서 나올 수 있었다. 나오면서 말했다. "언제든지 아빠랑 함께 와서 갖고 싶은 것을 살 수 있어."

물론 그 사이사이 아이스크림도 사 먹고, 밥도 먹고 물도 먹고 쉬기도 했다. 아빠와 함께 쇼핑한 경험은 어린 희진이에게는 충분히 안심하고, 결정하는 방법을 연습하는 시간이 되었다. 사랑하는 딸 희진이가 안전한 환경에서 즐겁고 넉넉한 마음으로 결정연습 할 수 있도록 돕는 역할을 할 수 있어서 행복했다.

아이들이 부모인 나에게 자신의 마음을 표현했을 때 받아주지 못한다면 약한 우리 아이들은 어디 가서 표현해야 할까? 내가 아니면 누가 우리 아이의 마음을 넉넉하게 받아줄까? 우리 아이가 마음을 표현했을 때 품어지지 못한다면 어린 마음에 얼마나 큰 상처로 남을까? 그 상처가 성장에 어떤 영향을 미칠지까지 생각하니 마음이 무거워진다. 우리 아이의 건강한 성장을 위해서 부모인 우리가 아이들이 자신의 마음을 적극적으로 표현할 수 있도록 넓은 마음으로 도와야 한다. 그리고 우리 아이들이 잘 이야기할 수 있도록 경청하며 대화를 해야 한다.

아이들이 이야기를 할 때, 나의 감정에 매몰되지 말고, 아이들의 감정을 바라봐 주길 바란다. 아이들이 왜 그런 말과 행동을 했는지, 무슨 말을 하고 싶은지, 무엇을 하고 싶은지 아이들의 욕구를 생각해 보아야 한다.

아이들은 그 욕구가 해결되기 전에는 전혀 대화를 하려 들지 않을 수도 있다. 아이들이 이야기할 때 아이들 입장에서 아이들 편이 되어주자. 그래야 아이들이 이야기를 시작한다.

아이들과 대화를 할 때 아이의 눈높이에 맞추어 호기심 가득한 언어를 사용하여 질문해 보라. 그때부터 아이들과 즐거운 대화가 시작될 것이다.

아이들이 물끄러미 나를 뒤돌아볼 때마다 미소와 함께 엄지를 높이 들어 올려 '아빠 여기 있어'라고 표현한다. 그러면 뒤돌아보았던 아이들도 엄지를 높이 들어 답을 한다. 그리고 자신감 있게 하던 일을 계속하거나 가고 있던 길을 계속 간다.

자녀에게 신뢰를 주는 신호를 만들어 공유하자.

나의 경우에는 '엄지를 높이 드는 것'과 함께 '미소'를 보내는 것이다. 그러면 우리 아이들도 엄지를 높이 들어 답을 한다.

앞으로 나와 우리

──── 시간의 흐름에 묻혀 살다 보니 어느새 인생의 반환점에 이르렀다. '앞으로 잘 살아야 하는데….'라는 생각에 '어떻게 하면 잘 살 수 있지….' 하는 꼬리에 꼬리를 무는 질문이 머릿속에 가득하다. 잘 살려면 나를 잘 돌아보아야 하는데….

감정코칭이 그 계기가 되었다. 코로나가 시작되고 확산되는 시기인 2020년 서울시교육청 학부모지원센터 감성코칭지도사과정에 참여하게 되었다. 감정에 대하여 배우며, '나를 사랑하는 방법을 모르고 있다.'는 생각을 하게 되었다. 과정 속에서 나를 돌아보는 계기가 되었고 따뜻한 마음으로 스스로를 위로하는 시간이 되었다.

감성코칭 지도사 과정을 수료하며 9명의 선생님과 함께 미통부모교육연구소를 시작하였다. 그리고 다양한 형태의 모임과 세미나를 하며 서로의 삶을 나누고, 이해하는 과정을 진행하였다. 그 과정 속에서 따뜻한 나눔과 마음의 회복을 경험할 수 있었다. 진심으로 서로를 지지하고 격려했기에 가능한 경험이라고 생각한다.

미통부모교육연구소가 부모교육, 자녀교육 그리고 감성코칭에 관심이 있은 많은 분들과 소통하며 성장하기를 응원한다.

미·치·면 통·하·는 마·법

두 아이의 엄마

───── 나에게는 두 아들이 있다. 지금 중1인 첫째는 변성기가 와서 걸걸한 목소리로 "아줌마."라고 나를 부르면서 장난치는 아들이다. 그리고 초5인 둘째는 짜증을 잘 내지만 오로지 엄마, 엄마, 하면서 엄마 옆에 붙어 있는 엄마 껌딱지 아들이다. 아들 엄마와 딸 엄마는 목소리부터 다르다고 생각하는 경우가 많다. 난 아들 엄마보다는 딸 엄마 같다는 이야기를 많이 듣는다. 조용조용하고 목소리도 작고 잘 웃어주는 그런 엄마처럼 보인다고 한다. 하지만 나도 아들 둘 엄마다. 남자아이들이다 보니 잘 넘어지고 떨어지기도 하고 다치기도 해서 병원도 많이 다녔다.

우리 아이들이 유치원 다닐 때 이야기다. 아이들이 놀이터에서 놀고 있는데 미끄럼틀에서 넘어지려고 하는 모습을 보고 나도 모르게 소리를 질렀다. 주위에 있던 엄마들이 나의 큰 목소리에 깜짝 놀라서 나를 쳐다보고 있었다. 역시 아들 둘 엄마는 다르다면서 나의 이미지와 너무 달라 놀랐다고 했다.

 나도 항상 웃으면서 아무 일 없는 것처럼 조용히 살고 싶다. 하지만 사람 일이 그렇지 않듯 결혼 후에 첫째를 낳으면서 참 많은 일이 있었다.
 신랑과 나는 결혼 후 주말부부를 했다. 나는 대전에서 신랑은 서울에서 직장생활을 했다. 신랑은 결혼 전부터 맞벌이를 원했다. 나도 집보다는 일이 더 좋았고 다니던 직장에 계속 다니길 원했다. 주말부부는 생각했던 것보다 힘이 들었다. 결국 다니던 직장을 그만두고 서울에 올라와서 새로운 직장을 알아보기로 했다. 서울로 올라와서 직장을 구하는 도중에 우리의 선물인 첫째 아이가 찾아왔다.

 아직 직장에 다니기 전이라서 직장은 포기하고 집에서 배 속의 아이와 즐겁게 지내기로 했다. 봄날의 햇살처럼 우리에게 찾아온 아이, 봄처럼 환하고 따뜻한 아이로 자라라는 뜻으로 태명을 '봄'이라고 지었다. 나는 서른네 살 늦은 나이에 결혼했기 때문에 노산으로 배 속의 아기가 건강하길 바랐다. 먹는 음식, 운동 등 많은 부분에 신경을 쓰려고 노력했다. 그렇게 조심하는 마음으로 하루하루 지냈다. 그런데 기쁨도 잠시 건강하게 잘 크고 있는 줄 알고 있었던 우리 아기가 심장이 안 좋다는 검사 결과를 들었다. 나는 너무 놀라고 겁도 나고 '아닐 거야' 하는 생각에 유명한 산부인과 여러 곳을 다니면서 검사받고 또 받았다. 그러나 결과는 항상 똑같았다. 태아의 심장이 안 좋으니, 대학병원으로 가라고 했다. 참 많이 울었다.

 난 술을 좋아한다. 결혼 후에도 신랑이 퇴근하고 오면 항상 같이 술을 마셨다. 임신했는지도 모르고 계속 술을 마셨다. 어느 날부터인가 술을 먹으면 속이 안 좋았다. 이상한 생각에 확인해 보니 임신이었다. 아마 배 속의 아기가 엄마에게 보내는 신호가 아니었나 싶다. 병원에서 진료받으면서 의사 선생님에게 술을 먹었다고 이야기했다. 의사 선생님은 "괜찮아요. 걱정하지 마세요."라고 해주셨는데 아기가 아프다고 하니 나 때문인 거 같은 죄책감에 힘들었다. 계속 병원에 다니면서 아기의 상태를 확인해야 했다.

 드디어 첫째를 만나는 날이다. 첫째는 태어나자마자 중환자실로 옮겨 바로 수술했다. 아이의 병명은 '선천성심장병'이었다. 수술 후 첫째는 중환자실에 계속 있어야 했다. 개복수술 후 심장 부위가 너무 부어서 닫지 못했고 그래서 계속 열어놓은 채로 중환자실에 있어야 했다. 아기를 볼 수 있는 시간은 하루에 두 번뿐이었다. 면회할 때마다 마음이 너무 아팠다. 너무나 작고 작은 내 아기, 수술 부위를 닫지 못한 채 눈을 감고 힘들게 숨을 쉬고 있는 아기를 보면서 안아주지도 못하고 만져주지도 못하는 현실이 속상하고 또 속상했다. 힘들어 보이는 아기를 생각하면서 참 많이도 울었다. 백일이 다 되어서야 퇴원을 할 수 있었다. 너무 마르고 얼굴도 백지장처럼 하얗던 첫째의 그때 그 모습이 아직도 생생하게 떠오른다. 병원에선 이제 괜찮다고 일반 아이처럼 키우면 된다고 했다. 정말 너무 좋았다. 1년에 두 번씩 검진받아야 하고 물론 영양제나 한약 등은 심장에 무리가 갈 수 있으니 먹이지 말라는 등의 몇 가지 주의할 점들이 있었지만 그래도 좋았다. 아기가 내 곁에 있는 것만으로도 너무 좋았다. 언제든지 만질 수 있고, 안아줄 수 있어서 좋았다. 그런 첫째에게 좋은 것만 주고 싶었고 많은 걸 보여주고 싶었다. 그리고 무조건 건강하게만 자라길 바라는 마음뿐이었다. 다른 건 필요 없다고 생각했다.

첫째는 첫 수술 후 아무 일 없이 잘 크고 있었다. 1년에 두 번 검진을 받으러 가야 했다. 5살 때 검진받으러 갔는데 검사 후 의사 선생님이 "아이는 성장을 하고 있습니다. 하지만 아기 때 수술했던 부위도 같이 성장해야 하는데 그렇지 않네요." 또다시 수술해야 한다고 했다. 이번엔 판막도 인공으로 넣어야 할 거 같다고 했다.

의사 선생님 말씀을 듣는 순간 눈앞이 깜깜해졌다. '이게 무슨 소리지? 이제 아무 일 없을 거라고, 일반 아이처럼 키우면서 걱정하지 말고 검진만 잘 받으면 된다고 했는데…. 내가 잘못 들었나?'라는 생각을 하면서 신랑을 쳐다보는 순간 와락 눈물이 쏟아졌.

걱정도 잠시 위험할 수 있다는 말에 우리는 생각할 겨를도 없이 바로 수술에 동의했고, 그렇게 첫째의 두 번째 수술을 하게 되었다. '아무것도 모르고 방긋 웃고 있는 아이, 그런 아이에게 큰 수술이 얼마나 힘들게 느껴질까?' 생각만 해도 가슴이 철렁했다.

아이에게 어떻게 설명해야 할지 몰랐다. 전날 아이에게 수술에 관해 이야기 했지만, 아이는 이해하지 못한 채 마냥 즐거워했다. 한숨 자고 나오면 된다고 했다. 수술이 뭔지도 모를 나이인데 벌써 두 번째 큰 수술이다. 아이는 그렇게 수술실에 들어갔다. 수술을 마치고 의사 선생님이 인공판막을 안 넣고 최대한 판막을 살렸다고 하셨다. 얼마나 감사한지 교회를 다니지 않는 나지만 하느님께 기도했다. '하느님 감사합니다. 정말 감사합니다.'

수술 후 첫째는 며칠을 우리에게 웃지도, 말도 하지 않고, 우리를 외면하듯이 힘없는 표정으로 있었다. 힘들어서 그런가 싶었다. 시간이 지나면 괜찮아질 것으로 생각했다. 그런데 갑자기 바지에 오줌을 싸는 것이다. 아이의 그런 모습에 너무 놀라고 걱정이 되었다. 병원에선 "어른도 수술하면 무섭고, 힘든데, 아이는 어떻겠어요. 많이 안아주고 보살펴 주세요."라고 했다. 얼마나 힘들고 무서웠고 아팠으면 그럴까? 어른들도 수술은 힘든데. 어린아이에게 큰 수술은 공포였으리라.

그때 썼던 일기다.

2012.11.01

태민아, 많이 힘들었지? 엄마는 수술 잘 끝났다는 말에 너무 기뻐서 네가 얼마나 충격을 받았는지 몸과 마음이 얼마나 힘들었는지도 잠시 잊고 있었던 것 같아! 아기였을 때 수술 후 일반 병실로 오기까지 오랜 시간이 걸렸어. 근데 이번에는 바로 일반 병실로 온다는 소식에 엄마는 얼마나 기뻤는지 몰라. 기쁜 얼굴로 너를 쳐다보는데 엄마, 아빠의 얼굴을 쳐다보지도 않고, 밥도 안 먹고 아예 말을 닫아버린 너를 보니 너무나 마음이 아프더구나. 얼마나 힘들었으면….

수술이 어떤 건지도 모르는 나이인데 그 힘든 수술을 하고 깨어나니 엄마도 아빠도 없고, 무섭고, 아프고…. 이 모든 것들이 너에게 얼마나 충격이었을까? 정말 미안해.

우리 아기, 엄마가 더욱 옆에서 어루만져 주고 아껴주고 어디서든 부르면 달려가서 안아줄게. 잘 이겨낼 수 있도록 엄마가 도와줄게.

우리 아기 얼마나 힘들었니?

정말 아이에게 미안했다. 밝고 웃음이 많은 아이였는데, 아이가 다시 예전 모습으로 돌아올 때까지 안아주고 또 안아주려고 노력했다. 가끔 둘째도 병원에 와서 형이랑 놀아주고 가곤 했다. 둘째에게도 정말 고맙고 미안했다. 둘째는 3살이었다. 아직 엄마랑 떨어져 지내는 시간을 힘들어할 나이이다. 엄마 앞에선 떼쟁이인 아이였는데 외할머니랑 지내면서 떼도 잘 안 부리고 할머니 말씀 잘 듣고 지낸다고 했다. 너무나 기특했다. 첫째에게도 둘째에게도 너무나 미안한 시간이었다. 다행히 첫째는 차츰 좋아졌다. 그렇게 아이는 힘든 일을 겪었고 잘 이겨냈고 잘 자라고 있다. 그 아이가 중학생이 되었다. 변성기 온 목소리로 "엄마." 하면 은근히 느끼하기도 하고 귀엽기도 하다. 아직도 검진받으러 가면 떨리지만, 여전히 잘 웃고 건강한 아이로 자라고 있다.

우리는 첫째만 신경 쓰느라 둘째를 가질 생각은 아예 하지 못했다. 첫째가 2살이 되던 해 둘째가 우리에게 찾아왔다. 신랑과 나는 둘째 임신 소식에 기뻐해야 하는데 기뻐할 수가 없었다. '둘째도 아프면 어떡하지? 둘째까지 아프면 안 되는데….' 둘째의 임신은 축복이 아니라 걱정과 고민이었다. 그래서 태명부터 건강이라고 지었다. 무조건 건강해라, 하는 마음뿐이었다. 그래서인지 둘째는 배 속에서 아무 이상 없이 잘 자랐고 건강하게 태어났다. 이제 두 아이를 잘 키우면 된다고 생각했다.

첫째가 아팠기에 우리는 첫째에게 온통 신경을 썼다. 둘째는 건강하니까. 괜찮을 거야, 하는 생각이 둘째를 너무 힘들게 하지 않았나 싶다. 나도 그랬지만 신랑도 온통 첫째에게만 신경을 썼으며 둘째는 아기가 아닌 큰아이처럼 생각했다. "넌 그런 것도 못 하니? 할 수 있잖아."하면서 항상 핀잔을 주었다. 항상 첫째가 우선이었고 둘째는 그다음이었다. 그러다가 어느 날 둘째의 모습이 내 눈에 들어왔다. 아직 아기인데 태어나자마자 축복과 사랑으로 보살펴 줘야 하는데 아픈 형으로 인해 충분히 안아주지 못했다는 생각이 들었다. 아기인 둘째가 힘들어 보였다. 안쓰러운 둘째를 보고 있으면 속상해서 신랑과 이야기도 참 많이 나누었다. 신랑도 둘째에게 미안하고 잘해야겠다는 생각은 하고 있다고 했다. 하지만 그게 잘 안된다고 했다. 어머님이 우리에게 "둘째는 너희들 자식 아니야? 왜 그렇게 둘째에게 신경을 안 쓰니?" 하셨다. 그 정도로 심하게 우린 둘째를 대했던 거 같다. 다른 사람들에게도 보이는 것들이 우리 눈에는 잘 보이지 않았다. 아기였고 어렸던 둘째가 얼마나 힘들었을까?

그때부터 나라도 둘째와 같이 있어 줘야 한다는 생각에 둘째를 많이 안아주려고 노력했다. 그렇게 둘째는 엄마 껌딱지가 됐다. 지금 초등 5학년인데도 여전히 엄마 껌딱지다. 엄마 옆에 붙어 있는 모습을 보면 아직도 마음이 아프다. 신랑도 노력을 많이 했다. 둘째에게 한 번 더 눈길을 주려고 노력하는 모습을 보였다.

둘째는 짜증을 많이 낸다. 한번 짜증이 나면 참지 못하고 화를 낸다. 만들기 하거나 문제집을 풀 때도 마음대로 되지 않으면 화를 내고 소리를 지른다. 괜찮다고 다시 해보자고 해도 안 된다고 울기까지 한다. 어릴 때부터 그랬는데 지금도 여전하다. 저 작은 몸에 왜 그리 화가 많은지 모르겠다. 담임선생님이 가끔 학교에서도 화를 참지 못하는 경우가 있다고 하셨다. 무엇이 둘째를 화내게 하는지 알 수가 없다. 고쳐주려고 하는데 잘 안된다. 여전히 짜증을 자주 낸다.

둘째는 하루에 몇 번씩 헛기침한다. 목에 뭔가 걸린 것 같은 느낌이 든다면서 계속 헛기침을 한다. 어떨 땐 너무 심해서 학교에서 전화가 올 정도였다. 아이가 너무 스트레스를 받고 힘들어하는 모습에 병원도 여러 군데 갔었지만 나아지지 않았다. 병원에서 혹시 모르니 틱 검사를 받으라고 권했다. 신랑은 아닐 거라고 다른 병원에 가보자고 했다. 그러던 중 잘한다는 이비인후과 병원에 갔더니 고칠 수 있다고 했다. 정말 다행이라고 생각했다. 꼭 고치고 싶었다. 계속 병원에 다니면서 조금씩 좋아지고 있어서 얼마나 다행인지 모른다. 진작 빨리 알아보고 올걸, 괜히 아이만 고생시켰다고 생각했다. 아이는 조금씩 나아지고 있다. 틱일 거라는 소리에 또 얼마나 마음을 졸였는지, 헛기침도 그렇고 짜증을 참지 못하는 것도 그렇고, 그럴 때마다 신랑과 나는 아기일 때 우리가 너무 첫째에게만 신경을 써서 그때 받은 스트레스 때문인가? 하는 생각을 했다. 둘째가 좋아지기를 바란다. 해결책을 계속 찾을 것이다.

아이들을 키우면서 공원, 박물관, 동물원 등 참 많이 다녔다. 그러던 중 아이들을 위해 뭔가를 해주고 싶다는 생각이 들었다. '너무나 소중한 아이들에게 내가 해줄 수 있는 게 뭘까?' 하다가 책을 재미있게 읽어줘야겠다는 생각이 들었다. 나는 책을 싫어하지만, 아이들은 책과 함께 있길 바랐다. 아이들과 같이 책도 읽고 이야기도 나누고 하는 상상을 하면서 독서 공부를 시작했다. 독서 공부는 1년 이상 해야 해서 내가 할 수 있을까? 하는 생각과 걱정으로 포기를 했다가 마음을 잡고 다시 공부를 시작했다. 독서 공부를 하면서 많은 책을 읽어주려고 노력했다.

아이들에게 책을 읽어주는 시간이 좋았다.

잘 자라고 있는 아이들을 보면 흐뭇했다. 그렇게 엄마로 하루하루를 지냈다.

아이들을 키우면서 행복한 나였는데 언제부터인가 조금씩 답답함을 느끼고 있었다. 집에만 있을 때는 뭔가 허전함이 있었는데 독서 공부하면 조금이지만 나만의 시간을 가질 수 있어서 좋았다. 답답함과 허전함은 조금씩 사라지고 있었다. 신랑은 첫째가 태어나기 전에는 무조건 맞벌이를 원했던 사람이다. 하지만 첫째가 아프면서 생각이 완전히 바뀌었다. 아이들은 엄마가 키워야 하고 아이들 옆에는 항상 엄마가 있어야 한다고 했다. 그래서인지 내가 아이들을 놔두고 나가는 걸 별로 좋아하지 않았다. 나도 아이들이랑 같이 있는 시간이 좋았다. 신랑의 마음도 이해가 되지만 나는 나만의 시간을 버릴 수가 없었다. 그렇게 계속 독서 공부를 하다 보니 초등학교에서 독서 지도를 하게 되었다.

  독서 수업을 할 때면 나는 다른 사람이 된다. 나의 목소리는 평상시에는 조용하지만 수업할 때는 목소리가 커진다. 아이들에게 커다란 목소리로 책을 읽어주고 아이들 하나하나 이름을 불러주면서 아이들의 이야기를 듣는다. 나는 아이들에게 모두 똑같이 대해주고 싶다. 질문할 때도 놀이할 때도 보면 항상 하는 아이들만 하는 경우가 많다. 난 그게 싫다. 잘하든, 못 하든, 모든 아이가 함께하는 게 좋다. 같이 어울리는 것이 중요하다고 생각한다. 수업하기 전 준비는 좀 버겁다. 한 번의 수업을 위해 준비시간이 많이 걸린다. 그래서 가끔은 '이렇게까지 해야 해?'하는 생각이 들 때도 있다. 그렇지만 수업하면 힘들었던 것들이 사라진다. 아마 그래서 계속 수업하는 거 같다. 수업 시간 아이들의 웃음이 좋다.

  우리 아이들은 엄마인 나를 많이 좋아한다. 항상 엄마가 집에 있었으면 좋겠다고 한다. 아직 친구들보단 엄마를 좋아한다. 다른 친구들은 사춘기가 와서 엄마랑 이야기도 안 한다고 하는데 우리 아이들은 친구들과 노는 시간보다는 집에서 있는 걸 더욱 좋아한다. 운동도 안 좋아한다. 그래서 조금은 걱정이다. 그렇다고 친구들이 없는 것도 아니다. 친한 친구들도 있는데 잘 만나지 않는다. 친구들이 놀자고 찾아와도, 핸드폰으로 연락이 와도, 학원 핑계를 대면서 나가지 않으려고 한다. 이제 중학생이면 집보단 친구들이 더욱 좋을 때인데 아직 집이 좋은 아이라서 걱정이다. 하지만 주위에선 괜찮다고 지켜보라고 한다. 조금 늦을 수도 있고 아이의 성향일 수 있으니 지켜보라고 한다. 그래서 조금은 걱정을 내려놓고 기다려 보기로 했다.

아직 엄마와 같이 있는 걸 좋아하는 아이들이기에 엄마가 외출하면 싫어했다. 외출할 때마다 항상 물어본다. "엄마 어디가? 그럼, 언제 돌아와?" 그럼 나는 "엄마도 너희들과 집에 같이 있는 것이 좋아. 하지만 잠깐이라도 엄마의 일을 하고 싶어! 엄마도 엄마의 일을 하니 행복해."라고 말해줬다. 나의 말에 아이들은 엄마가 외출하는 걸 이해해 주는 것 같다. 그렇지만 여전히 물어본다.

"엄마 언제 와?"

내 웃음은 가면?

─── 나는 충북 진친에서 살다가 초등학교 4학년 때 새 아빠를 만나 천안으로 와서 살았고 결혼 후 서울로 왔다. 지금도 천안에 엄마, 아빠가 살고 계신다. 아이들이 외가를 좋아해서 자주 내려간다. 나는 어릴 때 친아빠가 일찍 돌아가셨다. 그래서 항상 엄마는 일 나가시고 오빠와 동생이랑 집에 있는 경우가 많았다. 그래서인지 오빠가 항상 엄하게 우리를 대했다. 공공장소에서 예의 없는 행동을 하면 소리도 지르고 화도 내면서 항상 우리의 행동에 대해 많은 말을 했다. 아빠가 없어서일까? 남들 눈에 예의 바르고 반듯한 모습만 보이고 싶은 마음이 커서일까? 우리를 지켜주려는 마음이 커서일까? 오빠 마음을 이해 못 하는 것은 아니었지만 어릴

때는 그런 오빠의 행동이 너무 싫었다. 새 아빠를 만나 천안에서 살았지만, 오빠가 우리에게 주는 관심은 여전했다. 20살이 되었어도 난 귀가 시간이 정해져 있었고. 지키려고 했지만, 너무 힘들었다. 자취를 시작하면서 집에서의 해방이 나를 행복하게 했다. 그때부터 술을 마시기 시작했고 친구들과 노는 시간이 너무나 즐거웠다. 그러나 귀가 시간은 정해져 있었기에 집에 가면 오빠에게 연락해야 했다. 그래서 난 집에 들어가서 오빠에게 확인 전화한 후 다시 밖으로 나가서 놀기도 했다. 그러다가 들키기도 했지만. 그래도 좋았다. 늦바람이 무섭다고 했던가. 친구들과 노는 시간은 나의 자유 시간이었기에 너무나 행복했다. 나는 자유시간을 맘껏 누렸다. 그러다가 조금 늦은 34살에 신랑을 만나 1년 연애 후 결혼했다. 그리고 두 아이의 엄마가 되었다.

　나는 항상 사람들에게 많은 것을 맞추는 편이다. 나는 내가 아닌 다른 사람들을 먼저 생각한다. 그러다 보니 나의 주장보다는 다른 사람들의 주장을 따라가는 편이다. 나는 내가 하고 싶은 말이 있어도 잘 안 한다. 사람들이 날 싫어할 것 같고 그로 인해 내 마음이 상처받을까 봐 항상 표현을 잘 못한다. 오늘도 오전에 동아리 대표님에게 전달할 사항이 있어서 연락했는데 대표님이 나보고 대신 해달라고 하셨다. 그때 이건 아닌 거 같아서 대표님이시니 대표님이 하시라고 말을 전했다. 그러고는 그분이 기분이 안 좋을까? 걱정되어서 계속 "대표님 힘드시죠?" 하면서 힘내라고 문자를 보냈다. 난 그런 불편함이 싫고 그 분위기가 싫어서 항상 피하거나 숨어버린다. 신랑 하고도 가끔 진지한 이야기할 때면 내가 잘못한 일도 없는데도 두근두근한다. 그리고 그 자릴 피하고 싶어서 나도 모르게 화를 낸다. 또한 나는 싸움도 못 하는 편이다. 싸우려고 하면 말도 잘 안 나오고 우물쭈물하다가 결국 지게 되니 싸움을 안 하려고 피한다. 그러다 보니 진지한 이야기를 하려면 큰 용기가 필요하다 두근두근 기회를 보다가 그냥 넘어가기도 한다. 신랑에게는 가끔 편지로 하고 싶은 이야기를 전하기도 한다. 친구랑 싸워도 그 당시에는 화가 나서 말도 하지 않다가 시간이 지나면 지날수록 불편함이 싫어서 내가 먼저 화해를 하기도 한다. 이런 일이 반복되다 보니 다른 분들의 이야기를 듣고 내 의사 표현을 해야 하는데 잘 안 하게 된다. 항상 웃으면서 친구들의 이야기를 들어주고 친구들이 원하는 걸 해주려고 한다. 잘 웃는 나를 보고 언제부터인가 사람들이 내 웃음이 참 좋다고 했다. 웃는 모습을 보면 기분이 좋아진다고 한다. 그래서인지 언제부터인가 나는 내 웃음이 나의 장점이라고 생각했다.

 우리 신랑도 보면 잘 웃는 편이다. 가끔 그런 신랑을 보면 실없어 보인다는 생각이 들기도 한다. 나도 그렇게 보일까? 하는 생각에 조금만 웃자라고 생각했었지만, 여전히 웃고 있는 나를 보게 된다. 나는 다른 사람들에게 잘 웃어주고 많은 이야기를 들어주는 편인데 이상하게도 나의 친정 식구들에게는 잘 안된다. 참 아이러니

하다. 어릴 때부터 별일도 아닌데 욱해서 동생과 많이 싸우기도 했다. 내 밑으로 여동생이 둘이나 있다. 우리 친정 식구가 모이면 하루에 몇 번씩이나 욱해서 싸우고 또 싸움을 반복한다. 자주 싸우기는 하지만 바로 풀어져 웃으면서 또 이야기를 나눈다. 신랑이 우리 자매를 보고 '욱 자매'라는 별명도 지어주었다. 그렇게 만나면 싸우고 또 싸워도 우리는 자주 만난다. 나는 다른 사람에게는 한없이 너그러운데 친정 식구에게는 그게 왜 안 될까? 정말 친정 식구에게는 화를 잘 내는 나를 보면 가끔 이해가 안 된다.

나는 너무 힘들었을 때도 울고 싶을 때도 남들 앞에서는 웃어준다. 그럴 때 보면 모든 일들을 웃음으로 포장하고 있는 것 같아 지칠 때도 있다. 가끔 바보 같다는 생각이 들 때도 있다. 그러다 보니 답답하다는 생각도 들고 스트레스도 많이 받는다. 스트레스받고 지쳐 있을 때였다. 어느 날 친분이 있는 교수님과 이야기하다가 교수님이 나에게 "금례씨의 웃음은 가면 같아. 페르소나 같다고, 그런 생각 안 해봤어요?"라는 충격적인 이야기를 들었다. 힘들 땐 웃음도 좋지만 힘들면 힘들다고 말하라고 했다. 웃음 뒤에 숨어 있는 것 같다고 했다. '내 웃음이 가면 같다고? 나의 장점이라고 생각했던 나의 웃음이?' 난 너무 충격이었다. 그 일로 인해 나는 많은 생각을 하게 되었다. 지금까지 살면서 나의 웃음이 참 좋다는 사람들은 많이 봤는데 나의 웃음이 가면 같다는 말을 한 사람은 없었다. 그 후 나의 웃음에 대해서 여러 가지로 생각하는 시간을 가지게 되었다. 그러면서 또 한 번 나는 나를 얼마나 생각하는지 고민하게 됐다. 교수님의 말을 들으면서 충격이었지만 한편으로는 그분께 감사하다는 생각이 들었다.

『착한 아이 사탕이』글 강밀아, 그림 최덕규, 출판사 글로연라는 그림책이 있다. 착한 아이 사탕이는 항상 착한 행동만 한다. 동생이 사탕이의 물건을 망가트려도 화를 내지 않는다. 넘어져도 울지 않는다. 엄마와 주위 어른들은 "사탕이는 착한 아이야."라고 하면서 착함을 칭찬한다. 그림책을 자세히 보면 사탕이는 표정이 없다. 항상 착한 행동을 해서 어른들에게 칭찬받는데 표정은 정말 아무런 감정이 없는 것처럼 느껴진다. 또한 그림자가 나오는데 그림자는 사탕이와 정반대의 행동을 한다. 동생이 물건을 망가트릴 때 그림자는 동생에게 화를 내고, 넘어졌을 때도 울어버린다. 그러던 어느 날 그림자가 자고 있는 사탕이를 깨운다. 그림자는 화를 낸다. 이제 그만 남들이 만들어 준 착한 아이의 가면을 벗어버리라고 한다.

그림자의 말에 사탕이는 자기는 착한 아이라서 그러면 안 된다고 한다. 그림자는 "해도 돼!, 그래도 돼!"라고 하자 사탕이는 "그래도 돼?"라고 묻는다.

그림자의 말이 꼭 나에게 하는 말처럼 들렸다.

"넌 왜 마음과 다르게 행동하니? 힘들면 힘들다고 위로받고 싶으면 위로받고 싶다고 말해!, 말해도 돼!"라고…

교수님이 말한 웃음이라는 가면, 그 속에 가려진 나의 진짜 얼굴은 어떤 모습일까? 웃음 속에 울고 있는 내가 있진 않을까? 하는 생각이 든다. 정말 나를 위해서라도 진짜의 내 모습을 찾고 싶다는 생각을 많이 하게 되었다. 남이 아닌 나에게 환하게 웃어주는 내가 되고 싶다.

나는 우리 아파트에서 인사를 잘하는 편이다. 엘리베이터에서 항상 인사를 한다. 그래서 우리 동에 사는 분들의 얼굴을 거의 다 알고 있다. 내가 먼저 인사를 하니 다른 분들도 같이 인사를 해주었다. 난 그게 좋았다. 아이들이 자라면서 난 아이들에게도 인사를 시켰다. 어른들에게 예의 바른 모습을 보이고 싶었다. 항상 인사를 강조했다. 인사 잘하는 아이들이 참 예뻐 보였다. 언젠가부터 주위 사람들이 우리 아이들이 "인사를 잘해서 너무 예쁘고 귀엽다."라면서 칭찬해 주었다. 난 기분이 좋았다. 난 잘하고 있다고 생각했다. 다른 어른들에게도 칭찬받는 아이로 자라면 좋겠다고 생각했다. 아이들도 칭찬받으니 좋으리라 생각했다.

   그러던 중 학부모교육을 듣는데 강사님이 하시는 말씀이 인사를 너무 강제로 시키지 말라고 하셨다. 아이가 너무 하기 싫은데 억지로 시키는 건 아니다. 아이들이 부모가 하는 행동을 보고 아이 스스로 따라 할 수 있도록 하라고 하셨다. 내가 어릴 때 오빠가 우리에게 했던 행동들이 생각이 났다. 오빠가 나에게 소리 지를 때 얼마나 주눅이 들었는지 하는 생각들이 스쳐 지나갔다. 나도 지금 아이들에게 내가 원하는 모습으로 강요하고 있는 건 아닐까? 사람들에게 착한 아이라는 칭찬이 좋아서 원하지도 않는 것을 계속 시키는 건 아닐까? 하는 생각이 들었다. 착한 아이 사탕이처럼 키우고 있는 건 아닌지 난 무엇을 놓치고 있는지 난 아이들에게 어떤 엄마인지 다시 한번 생각하게 되었다.

착하다는 건 뭘까? 어떻게 살아야 착한 걸까? 누구를 위해서 착하게 살아야 하는 걸까? 예전에는 착하게 살아야 하는 게 맞는다고 생각했다. 착하게 살면 되는 줄 알았다. 요즘은 착하다는 건 바보와 같다는 이야기도 있다. 근데 왜 어른들은 착하게 살아야 한다고 하시는 걸까? 착하게 살아야 한다는 말이 나를 힘들게 했다. 그걸 알면서도 나는 왜 우리 아이들이 착하게 자라는 게 좋다고 생각하고 있는 걸까? '착한 아이 증후군'이란 용어가 있다. '착한 아이 증후군'이란 부정적이라고 생각되는 정서나 감정들을 감추고 부모나 타인의 기대에 순응하는 착한 아이가 되고자 하는 아동의 심리 상태를 지칭하며, 성인기까지 지속될 경우 착한 사람 콤플렉스라고 불린다. 출처: 두산백과 나도 착한 아이 증후군 착한 사람 증후군 이 아닐까?

감성코칭을 배우면서 알게 된 '크리스틴 네프'가 말한 '자기자비'가 있다. 난 '자기자비'가 꼭 나에게 필요한 말인 거 같았다. 자기자비란 자기 자신을 향한 자비라고 한다. 건강한 방식으로 자신을 수용하며 고통을 직면했을 때 자신을 가혹하게 비난하는 대신 자신을 돌보는 태도를 말한다. 친구를 위로하듯이 자기 자신에게 친절을 베푸는 것, 또는 '왜 나만 이럴까'라고 생각하지 말고 '나만 이런 경험을 하는 건 아닐 거야'라고 생각하는 것, 나의 감정을 외면하지 않고 괜찮아하고 감정을 있는 그대로 느껴보는 것이 자기자비라고 한다. 나에게 필요한 건 자기자비가 아닐까? 나는 다른 사람들을 생각하면서 왜 나를 생각하지 않는지, 왜 다른 사람들의 시선을 중요하게 생각하는지를 생각하게 된다. 아이들에게는 다른 사람들의 시선을 신경 쓰지 말고 자기 자신을 먼저 생각하라고 하면서 정작 난 왜 안 되는 걸까? 나는 왜 나를 안아주지 못하는 걸까? 요즘 들어 눈물이 많아졌다. 가끔 펑펑 울고 나면 마음이 편안해지기도 한다. 아마 요즘 눈물이 많아진 것도 내가 너무 힘들어서가 아닐까?

남들이 아닌 나를 먼저 안아주고 나를 있는 그대로 인정해 주기가 필요하다. 괜찮은 척, 아닌 척하지 말고 웃음 가면을 벗어버리고 가짜가 아닌 진짜 나를 찾아가야겠다.

내게 찾아온 선물, 감성코칭

─── 난 독서 수업을 그림책으로 하는 경우가 많다. 난 그림책이 좋다. 처음에는 책을 안 읽는 내가 독서 수업을 하면서 책을 많이 읽어야 하는 부담감이 컸다. 읽어야지 생각하지만 잘 읽어지지 않았다. 그래도 수업을 위해 꾸준히 읽으려고 한다. 독서 수업은 미리 책을 읽고 와야 한다. 하지만 안 읽어 오는 아이들도 너무 많다. 항상 고민이 되는 부분이다. 그러다가 그림책을 접하게 되면서 그림책의 매력에 빠져버렸다. 그림책으로 수업하게 되면 수업 시간에 같이 책을 읽고 이야기를 나누고 하니 아이들도 좋아했다.

그림책은 유아나 아이들은 물론이고 청소년뿐만 아니라 성인들도 읽는 책이다. 그림책은 사전적 정의로는 '글과 그림이 어우러져 이야기를 전달하는 책'이다. 다양한 메시지를 전달할 수 있기에 한 권의 책 안에 여러 주제를 다룰 수 있다.

저학년 수업은 독서가 즐거워지도록 하는 게 내 목표다. 아이들이 독서 수업이라고 하면 너무 힘들어하고 싫어한다. 수업을 가면 "독서 수업 싫어요."라고 말하는 아이들이 많다. 그래서 최대한 재미있는 책으로 하고 놀아주려고 한다. 글쓰기보다는 책의 즐거움을 느낄 수 있도록 하고 있다.

코로나 때는 아이들과 거리 두기와 간격 유지를 해야 하므로 뛰어놀면서 수업하기 힘들어 자리에 앉아서 하는 것들로 활동했다. 아이들은 뛰어노는 시간을 제일 좋아하는 것 같다. 활짝 웃는 모습을 보면 너무나 흐뭇하다. 그림책으로 초등학교뿐만 아니라 중학교, 고등학교 모든 학교에서 아이들을 만나고 싶다. 그림책을 좋아하시는 분들이 많이 늘긴 했지만, 여전히 그림책은 초등 저학년까지 읽는 책으로 알고 있는 분들이 많다. 초등학교 고학년에게 그림책으로 논술 수업을 진행한다고 하면 "선생님 그림책으로 수업한다고요? 고학년인데요?" 하면서 아이들에게 수준이 안 맞는다고 한다. 대부분 학교 관계자나 고학년 어머님들께서 이런 걱정을 하곤 한다. 그림책은 유아기 때만 봐야 하는 수준 낮은 책이라고 생각하고 계신 분들이 많다. 그림책을 읽다 보면 가끔 눈물이 나올 때도 있고 웃음이 나올 때도 있다. 요즘은 내가 감성코칭에 관심이 있다 보니 관련 그림책들을 많이 보게 된다. 그림책을 보면 정말 생각거리들이 많다. 아이들의 기본생활부터 인생의 질문을 던지는 그림책까지 다루는 주제의 폭과 깊이가 있다. 또한 힘들 때는 힘을 받고, 위로받고 싶을 때는 위로받고, 실수할 때도 실수할 수 있다고 토닥토닥해 준다. 그림책에는 우리들의 이야기가 들어 있다. 우리의 일상이 들어 있다. 우리는 살면서 알고 있으면서도 잘 안되는 것들이 있다. 그럴 때 그림책을 보면서 다시 한번 생각을 하고 나의 행동에 대해 돌아보게 된다.

독서 수업을 하면서 다양한 아이들을 만난다. 밝은 아이, 수줍은 아이, 말이 많은 아이, 조용한 아이 등 여러 아이가 있다. 가끔은 우울해 보이는 아이, 좀 어두워 보이는 아이, 친구들과 다르게 행동해서 친구들이 싫어하는 아이와 친구들과 좀처럼 어울리지 못하는 아이들도 있다. 친구들과 어울리지 못하는 아이들을 보면 너무 안타까운 생각이 든다. 요즘은 자폐 아이들도 많고 ADHD 아이들도 많다. 내 주위에도 자폐아를 키우는 분들도 많다. 그분들은 많은 노력을 하면서 걱정과 불안으로 아이를 키운다. 너무나 안타까운 생각이 든다.

수업에 나가서 보면 선생님과 아이들에 따라 교실 분위기가 다르다. 한 번은 수업하러 갔는데 교실에 한 아이가 있었다. 그 아이는 수업 시간에도 돌아다니고 가만히 앉아 있지 못했다. 수업 도중 그 아이가 나에게 와서 말을 걸었다. 그 모습을 보고 반 아이들이 내가 당황하지 않게 바로 "괜찮아요. 선생님 그 아이는 아픈 아이라서 그래요." 하면서 반 친구들은 그 아이를 친절히 도와주려고 했다. "아 그래? 아픈 아이구나?" "네 저의 담임선생님이 이 친구는 아픈 친구라서 우리가 따뜻하게 해줘야 한다고 하셨어요."라고 했다. 아이들의 따뜻한 말과 행동에 감동이었다. 너무나 기분 좋게 수업을 진행할 수 있었다. 또 다른 학교에서 수업할 때 비슷한 아이를 봤는데 반 아이들은 그 아이를 너무나 싫어하는 것을 볼 수 있었다. "왜 자꾸 돌아다녀?"라고 하면서 무시하고 그 아이가 말을 하면 "그거 아니야, 너 왜 그래?" 하면서 핀잔을 주는 행동을 하는 모습을 보게 되었다. 나는 그 아이에게 따뜻하게 해주고 싶었다. 아이가 수업 중에 질문하면 천천히 이야기해 주려고 했다. 내 모습을 보고 담임선생님이 그 아이의 말을 받아주면 계속 말을 하니 수업에 지장을 줄 수 있다고 하셨다. 나는 너무나 마음이 아팠다. 주위를 보면 어떻게 아이들을 대하느냐에 따라 아이들이 달라지는 것을 보게 된다. 이렇듯 어른들이 어떻게 하느냐에 따라 아이들의 행동이 바뀌는 거 같아서 정말 잘해야겠다는 생각이 들었다.

어느 날은 돌봄 교실 수업에서 가족 관련 그림책으로 수업을 진행했는데 한 아이가 "선생님 전 엄마가 없는데요? 부모님 이혼하셨어요."라고 아무렇지 않게 이야기했다. 난 너무 놀라서 "아 그렇구나?"라는 말밖에 할 수 없었다. 요즘은 많은 분이 이혼하므로 가족이 함께 살지 않는 경우도 많을 텐데 '내가 책 선정을 잘못했구나.' 하는 생각에 어쩔 줄 몰라 한 적이 있었다. 이렇게 다양한 아이들이 있다. 그림책 선정을 할 때도 아이들을 생각하면서 선정한다. 어떤 아이들과 수업할지 아이들에게 맞는 그림책을 고르는 것이 중요하다.

다양한 아이 중에 기억이 남는 아이가 있다. 항상 내 수업에 말 한마디도 안 하는 아이다. 말을 걸어도 대답을 전혀 하지 않았다. 아이에게 부담을 주고 싶지 않아서 말을 하지 않으면 하지 않는 대로 그냥 놔두었다. 절대로 다그치지 않았다. 난 그 아이와 친하게 지내고 싶어서 항상 웃어주면서 언제든지 말하고 싶을 때 말하라고 했다. 그 아이에게 따뜻한 어른으로 보이고 싶었다. 그렇게 3개월이 지난 어느 날 그 아이가 나에게 웃음을 주기 시작했고. 조금씩 나에게 자기가 그린 그림도 보여주고 했다. 그 아이가 나에게 보여준 행동을 보면서 너무나 뿌듯했다. 나에게 조금씩 보여주는 아이의 표정을 보면서 잘해야겠다는 생각이 들었다.
  그렇게 나는 나의 일에 뿌듯함을 느끼고 있었다. 난 잘하고 있다고 생각했다. 수업에서 아이들 한 명, 한 명 잘 보려고 노력하고 있는 내 모습에 기분도 좋았다.

첫째가 2학년 때 일이다. 난 그때 독서 수업을 한다고 집을 비우는 시간이 많아졌다. 다른 아이들에게 그림책을 읽어주고 아이들의 마음을 토닥토닥해 주는 시간에 우리 아이, 내 아이는 방치가 되고 있었다. 아이 둘이 있는 시간이 길어지면서 첫째가 스트레스를 많이 받았던 모양이다. 한 번은 수업 끝나고 집에 가던 도중에 휴대전화가 방전되어서 아이에게 연락을 못 했다. 그리고 책이 필요해서 도서관을 들러야 하는데 아이에게 연락할 방법이 없어서 잠깐 갔다 와도 될 거라는 생각에 도서관도 갔다가 집으로 들어왔다. 집에 가서 보니 첫째가 엄마랑 연락이 안 되어서 울고불고하고 있었다. 결국 아빠에게 연락해서 엄마랑 연락이 안 된다. 수업 끝나면 항상 연락이 왔는데 연락도 없고, 전화도 안 된다고 울면서 전화했단다. 그래서 아빠도 일하던 도중에 급히 집에 왔다. 난 그것도 모르고 도서관에서 책도 빌리고 느긋하게 돌아왔는데 집은 초토화가 되어 있었다.

그런 일이 일어나고 또 둘째가 없어지는 사건이 있었다. 첫째는 둘째를 찾아서 한참 돌아다녔다고 한다. 그 시간에 둘째는 친구 집에서 놀고 있었다. 그런 일이 일어나고 점점 첫째의 행동이 이상해지기 시작했다. 분리불안 증세가 나타나기 시작했다. 항상 엄마랑 붙어 있어야 하고 하루에도 수십 통의 전화를 했다. 아이가 전화했을 때 내가 수업 중이면 전화를 받을 수 없다. 그럼, 아이는 울기 시작한다. 아이가 울면 학교 수업이든 어떤 수업이든 전혀 진행이 어렵다. 학교 수업 중에 계속 울어서 결국 담임선생님이 전화하신 경우도 있었다. 또한 시험지를 백지로 내고 친구들이 전시해 놓았던 게시판도 다 흩트려 놓기도 했다. 아빠에게도 전혀 가질 않았다. 오로지 엄마다. "도대체 왜 그러니?" 하고 물으니, 엄마가 사라져 버릴 것 같다고 한다. 교통사고로 죽을 거 같다고 했다. 아이가 왜 그런지 도무지 알 수 없었다. '내가 하는 일을 그만두어야 할까? 아이가 이렇게 힘들어하는데 내가 남의 아이들에게 그림책을 읽어 줘야 하나?' 하는 생각이 들었다. 아이도 나도 너무 힘든 시간이었다. 심리치료라도 받아야 할까? 하는 생각에 심리 쪽에 있는 신랑 친구에게 물어보니 그냥 좀 더 지켜보라고 했다. 아이가 힘들어하는 모습을 보니 더 이상 수업을 하기 힘들 것 같았다. 그러나 완전히 수업을 끊어버릴 수는 없었다. 한 개의 수업만 남겨 놓고 모든 수업을 그만두었다. 아이가 아파하는데 수업은 나만의 욕심일 것 같은 생각이 들었다. 아이와 많은 시간을 보내야 한다고 생각했다. 어떻게 하면 아이가 마음이 편해질까? 그 생각뿐이었다. 아이가 아파하면 자꾸 내 책임인 것 같아 마음이 아팠다.

다행히도 아이는 차츰차츰 좋아졌다. 지금은 아이와 같이 그때의 일을 생각하면서 이야기를 나누기도 한다. "그때 왜 그랬니? 그때 마음이 어땠어?"라고 물으면 자기도 잘 모르겠다고 한다. 나는 나름 아이들에게 잘하고 있다고 아이들의 마음을 잘 다독여 주고 있다고 생각했었는데 아니었나 보다. 아이의 마음도 모르면서 아이의 마음을 잘 안다고 생각한 것 같다. 부모로서 아이들을 잘 키운다는 건 정말 어려운 것 같다. 내 마음처럼 잘되지 않는다.

아이를 키우면서 어떻게 하면 아이들은 좀 더 이해할 수 있을까? 어떻게 하면 아이들의 마음을 알 수 있을까? 하는 부분이 항상 궁금했다. 아이들이 잘 자라려면 부모의 역할이 중요하다고 생각했다. 그러던 중에 아는 분에게 서울교육청 학부모지원센터에서 감성코칭 1기를 모집한다는 소식을 들었다. 아, 이거다 싶어서 신청하게 되었다. 많은 분이 신청해서 솔직히 합격할 줄은 몰랐는데 합격했다는 소식에 놀랐다. 코로나로 수업도 다 정지 상태라서 시간이 많았다. 그래서 공부하기 더 좋았던 것 같다. 많은 분이 코로나로 수업이 없어서 많이 힘들어했다. 하지만 난 수업이 없어서 감성코칭을 들을 수 있었다. 나에겐 기회였다.

솔직히 나는 감성코칭이 무엇인지도 잘 몰랐다. 그냥 감성코칭을 하면 아이들의 마음을 이해하는 데 도움이 될 것 같아서 무턱대고 신청하게 되었다. 감성코칭을 배우면서 내가 몰랐던 아이들의 마음을 이해하는 법, 아이들을 어떻게 키워야 하고 어떤 부모가 돼야 하는지도 배우게 되면서 부모교육에 관심을 두게 되었다. 부모의 교육이 얼마나 중요한지도 알게 되었다. 감성코칭을 배우게 되면서 내가 너무 몰랐구나 하는 생각이 들었다. 왜 아이를 키우면서 부모교육에 관심을 두지 않았을까? 무지한 내가 아이들을 힘들게 하진 않았을까? 하는 생각이 들었다. 나는 아이들이 잘못되면 내가 잘못해서 그렇게 된 것 같아 죄책감을 많이 느낀다. 하지만 감성코칭을 배우면서 생각이 바뀌고 있다. "부모인 나도 처음이야.

실수할 수 있어. 그러면서 부모로 성장하는 거야"라는 생각으로 말이다. 너무 자기 자신을 자책하는 일보다는 어떻게 해결해야 하는지를 먼저 생각해야겠다. 라고 바뀌는 나를 보면 잘 배우고 있다는 생각이 든다. 하지만 너무 모르는 게 많아서 공부할 것도 많았다.

비록 코로나로 비대면 수업을 했지만, 같이 공부하는 분들이 있어서 힘들어도 여기까지 온 거 같다. 잘 모르는 부분을 알려주기도 하고 힘들 땐 토닥토닥해 주는 나에게는 영양제 같은 고마운 분들이었다. 감성코칭을 배우면서 가장 좋았던 부분은 우리 9명의 선생님을 만난 것이다. 나 혼자였다면 하지 못할 일들을 이분들과 함께하니 힘이 나고 할 수 있었다. 우리는 서로 끌어주고 밀어주고 하면서 지금까지 왔다. 감성코칭은 나에게 행운이다. 답답한 내 인생에 길이 되어준다. 지금까지 고민이었던 문제들 왜 난 남들에게 표현을 잘 못하는지 내 안의 내면 아이는 어떤지 궁금했었는데 감성코칭을 배우면서 조금씩 나를 들여다볼 수 있어서 더욱 소중한 시간이었다. 아이들을 위해 시작한 감성코칭이었지만 지금은 나를 위한 감성코칭이다. 부모가 행복해야 자녀가 행복하다는 말이 있다. 많이 들었던 말이지만 이렇게 와닿은 적은 별로 없었는데 이제야 고개를 끄덕끄덕 하게 된다. 내가 먼저 마음이 편안해야 아이들에게도 편안함을 준다.

감성코칭을 배우면서 심리상담에 대해 궁금해졌다. 책을 찾아보고 인터넷도 검색해 보는데. 심리학자도 많고 이론도 너무 어려웠다. 정말 많이 공부해야겠다는 생각이 드니 막막하단 생각이 들었다. 그러던 중『내 마음을 읽어주는 그림책』글 김영아, 출판사 사우 이라는 책을 읽게 되었다. 이 책은 여러 심리적 문제와 그에 해당하는 그림책을 다루고 있다. 힘든 마음을 다독여 주고 그림책으로 치유해 주고 있다. 나도 이럴 때가 있었는데 공감이 되면서 편안함과 위로를 받는 것 같아 좋았다. 내가 좋아하는 그림책과 심리를 같이 할 수 있다는 점이 너무 좋았기에 그림책 심리에 관심을 두게 되었다. 그렇게 그림책 심리공부를 시작했고 자격증도 취득했지만, 심리란 과목은 나에게는 너무나 어려운 것이라서 여전히 공부 중이다. 그림책 심리로 나의 마음뿐만 아니라 아이의 마음도 이해하고 어루만져 주는 그런 부모가 되고 싶다. 그리고 더 나아가 그림책 수업을 통해 많은 아이가 밝게 자랐으면 하고 더불어 부모님들에게도 힘이 되어주고 싶다는 그런 꿈이 생겼다.

그래서 좀 더 심리공부를 하고 싶어졌다. 체계적으로 공부를 하고 싶어서 알아보니 한국방송통신대학교에 청소년교육학과가 있다는 걸 알게 되었다. 청소년교육학과는 청소년 상담 및 청소년 지도자까지 공부할 수 있어서 내가 원하던 학과라고 생각했다. 그리고 독서 수업을 하면서 공부를 할 수 있다는 점도 마음에 들었다. 그래서 2021년에 한국방송통신대학교 청소년교육학과 3학년에 편입했다. 나의 목표는 청소년교육학과를 졸업하면서 청소년 지도사와 청소년

상담사 자격증을 따는 거다. 독서 수업을 하면서 초등 아이들을 만났다면 청소년교육학과 공부를 하고 난 후에는 청소년들도 만나고 싶다.

  가끔 뉴스를 보면 많은 청소년이 힘들어서 안 좋은 선택을 하는 경우를 종종 본다. 너무나 마음이 아픈 사건들이 많다. 어른들의 잘못으로 많은 학생이 힘들어한다. 아픈 학생들에게 희망이 되고 싶다. 요즘 공부하고 있는 나를 보면서 신랑은 "어릴 때 그렇게 공부했으면 서울대 갔겠다."라고 하고 첫째 아이는 "엄마 공부가 그리 좋아? 이해가 안 돼, 난 공부가 너무 싫은데." 한다. 정말 나도 어렸을 때는 이렇게 공부한 적이 없었는데 말이다. 그래도 좋다. 힘들어도 좋아서 한다. 이제 시작 단계이기 때문에 많은 공부가 남아 있지만 나는 잘하고 싶다. 난 항상 계획은 세우지만, 마무리를 잘 못하는 경우가 많다. 체계적으로 해야 하는데 미루다 결국 마지막 날 밤을 새워서 하거나 아니면 대충 마무리를 하는 경우가 많다. 수박 겉핥기로 시간만 보내는 경우도 있다. 공부했는데 뭘 했는지 잘 모른다. 이런 내가 싫은 적도 많다. 바꿔야지 하면서 또 그렇게 되어버리는 나다. 이번엔 정말 잘 배우고 잘 이해하고 싶다.

  나의 인생에서 감성코칭은 나의 인생을 많이 바뀌게 했다. 감성코칭을 만나지 않았다면 나는 지금 어떤 삶을 살고 있을까? 하는 생각이 든다. 감성코칭을 만나 나를 알게 되고 부모로서 어떻게 행동해야 하는지 등 많은 것을 배웠다. 내가 좋아하는 8명의 선생님^{나 포함 9명의 선생님들이다.}을 못 만났을 거고 그림책과 심리, 그리고 청소년 상담까지의 공부는 생각하지도 못했을 것 같다. 감성코칭은 정말 중요한 것 같다. 나를 변화시키고 있기에 더욱 소중하다. 감성코칭을 만난 것은 나에게 행운이었던 것 같다. 많은 분이 감성코칭에서 행복을 느끼면 좋겠다.

미치면
통하는
마법

초판 1쇄 발행 2023. 11. 27.

지은이 이용재, 우민정, 이신애, 우명숙, 손금례, 이상목, 최현주, 박혜영, 정미라
펴낸이 김병호
펴낸곳 주식회사 바른북스

편집진행 박하연
디자인 김민지

등록 2019년 4월 3일 제2019-000040호
주소 서울시 성동구 연무장5길 9-16, 301호 (성수동2가, 블루스톤타워)
대표전화 070-7857-9719 | **경영지원** 02-3409-9719 | **팩스** 070-7610-9820

•바른북스는 여러분의 다양한 아이디어와 원고 투고를 설레는 마음으로 기다리고 있습니다.
이메일 barunbooks21@naver.com | **원고투고** barunbooks21@naver.com
홈페이지 www.barunbooks.com | **공식 블로그** blog.naver.com/barunbooks7
공식 포스트 post.naver.com/barunbooks7 | **페이스북** facebook.com/barunbooks7

ⓒ 이용재, 우민정, 이신애, 우명숙, 손금례, 이상목, 최현주, 박혜영, 정미라, 2023
ISBN 979-11-93341-92-6 03810

•파본이나 잘못된 책은 구입하신 곳에서 교환해드립니다.
•이 책은 저작권법에 따라 보호를 받는 저작물이므로 무단전재 및 복제를 금지하며,
이 책 내용의 전부 및 일부를 이용하려면 반드시 저작권자와 도서출판 바른북스의 서면동의를 받아야 합니다.